STX
ROCK

Stefan Kälberer

Das Mountainbike Buch

- Auswahl
- Tuning
- Fahrtechnik
- Wartung

FALKEN

Inhalt

Tuning und Zubehör 67

Der Mountainbike-Kauf 83

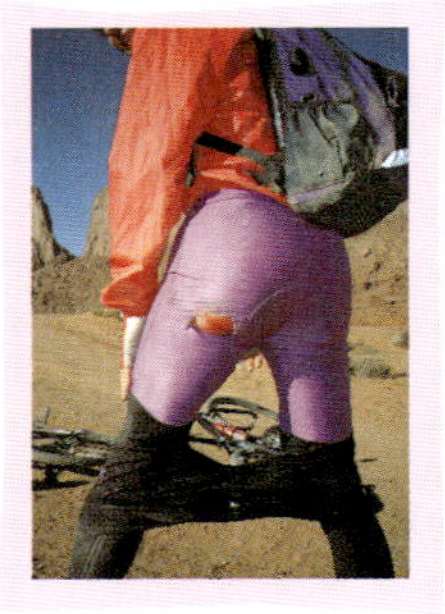

Das Mountainbike – Ausdruck einer neuen Einstellung zum Rad

Das Mountainbike hat nach dem Beginn der Serienproduktion Anfang der achtziger Jahre einen Siegeszug angetreten, der beispiellos ist. Anfangs noch als schnell wieder in irgendeiner Gelände-Versenkung verschwindender Modegag belächelt, hat sich das Mountainbike zum absoluten Senkrechtstarter entwickelt und der Fahrradbranche ungeahnten Schwung verliehen. Heute ist es vom Markt nicht mehr wegzudenken, und in den USA sind bereits 80 Prozent aller verkauften Fahrräder Mountainbikes.

Mit dem Mountainbike genießen Sie die Natur abseits verstopfter Autostraßen

Wie ist dieser phänomenale Erfolg zu erklären? Ganz sicher spielt der Wunsch des Menschen, in unserer von immer mehr Technik bestimmten Welt ein Stück Natur neu zu entdecken, eine große Rolle. War bisher in bergigem Gelände die Natur meist nur auf Schusters Rappen zu erforschen, so hat das Mountainbike mit seinen überlegenen Nehmerqualitäten völlig neue Möglichkeiten für aktive Menschen eröffnet. Der Aktionsradius mit dem Bike ist enorm, der Kontakt zur Natur intensiv, und wer auf den Wegen bleibt, darf sich dabei auch noch guten Gewissens das Prädikat „umweltfreundlich" an den breiten Lenker heften.

Mountainbikefahren ist äußerst dynamisch und wird, eine solide Grundkondition vorausgesetzt, eher als spielerische Fortbewegungsart denn als hartes Training empfunden. Dazu kommt noch, daß beim Mountainbikefahren im Gegensatz zum Rennrad, mit dem überwiegend nur die Beine trainiert werden, der ganze Körper zum Einsatz kommt. Mit einer schnellen Gewichtsverlagerung des Oberkörpers wird der Kurs korrigiert, mit weit nach hinten verschobenem Körperschwerpunkt mühelos eine steile Abfahrt gemeistert, und unter zusätzlichem Einsatz der Arm- und Oberkörpermuskulatur wird souverän ein extremer Anstieg überwunden.

Mountainbiking kann süchtig machen. Man trotzt den Elementen,flucht innerlich auf Regen, Kälte oder gnadenlose Hitze und plant doch, zu Hause angekommen, spätestens nach der belebenden Dusche schon die nächste Ausfahrt. Man ist stolz, seinem inneren Schweinehund mal wieder gezeigt zu haben, was eine Harke ist, und das mit vollem Recht. Wer seine Bike-Touren sorgfältig plant, bewegt sich abseits asphaltierter Hochgeschwindigkeitspisten und genießt das Knirschen kleiner Steinchen unter seinen Stollenreifen auf einsamen Waldwegen. Statt Verkehrslärm dringt Vogelgezwitscher in die fast schon empfindungslos gewordenen Gehörgänge, und die Lungen füllen sich mit reiner Luft, dem Geruch von duftendem Harz und Blütenduft und nicht mit von der Autoindustrie so stolz gepriesenen katalysatorgereinigten Autoabgasen.
Rauschende Abfahrten wechseln ab mit genußvollen Etappen in der Ebene und mit schweißtreibenden, manchmal hart erkämpften und vielleicht gerade deshalb so lohnenden Steilanstiegen.

Wem diese Argumente für den Siegeszug des Mountainbikes noch nicht ausreichen, dem sei gesagt, daß nicht Sportlichkeit und Geländetauglichkeit allein das Zauberwort sind, sondern eine noch nie zuvor dagewesene Vielseitigkeit und Robustheit. Ausgestattet mit schmalen Felgen und glatten Reifen rollt ein Mountainbike kaum schlechter als

Bergtouren mit dem Mountainbike sind ein einzigartiges Erlebnis – Vorsicht: Mountainbiking kann süchtig machen

ein klassisches Rennrad, nur daß das Rennpferdchen namens MTB mit geringem Aufwand schnell wieder zur Bergziege oder zum Lastenesel umfunktioniert werden kann. So mancher Rennradfahrer, der vor ein paar Jahren noch voller Abscheu auf die fetten Reifen starrte, sitzt heute regelmäßig zwischen ebensolchen und ist vor lauter Bike-Begeisterung nicht mehr auf seinen Renner zu locken. Alltagsradler schätzen das souveräne Handling im Stadtverkehr, die Unempfindlichkeit gegenüber Schlaglöchern, Bordsteinkanten und Straßenbahnschienen, und sie laufen nebenbei noch Gefahr zu verlernen, wie man einen Reifen flickt. „Globetreter" vertrauen immer häufiger auf die Vorteile eines Mountainbikes und machen sich über geringe Zuladung, miserable Bremsen und üble Schotterpisten keine

Dank der robusten Natur eines Mountainbikes können Sie unbesorgt die großen Sprünge wagen

Sorgen mehr. Gerade auch der Alltagsfahrer profitiert von der Technik des Mountainbikes. Dank der leistungsfähigen Schaltung zwingt nicht gleich der erste Berg zum Schieben, und steile Abfahrten oder sich plötzlich öffnende Autotüren verlieren dank der zuverlässsig greifenden Bremsen viel von ihrem Schrecken.

Aufgrund all dieser Vorzüge gegenüber Standardrädern hat das Mountainbike zudem in hohem Maße dazu beigetragen, das Rad vom Arme-Leute-Image wegzubringen. Nicht eitles Prestigedenken ist dabei herausgekommen, sondern immer häufiger auch die Erkenntnis, daß man das Bike nicht nur für Freizeit und Sport einsetzen kann, sondern auch als Autoersatz in vielen Alltagssituationen.

Das Mountainbike ist also zu mehr gut als nur sorglos Cola-Dosen plattfahren zu können. Auch die Umwelt freut sich über die zahlreichen Mountainbike-Kilometer und darüber, daß hochwertige Bikes äußerst langlebige Produkte darstellen. Wer nicht querfeldein bolzt oder sein Bike gar als Autoersatz bewegt, braucht selbst mit einem energieintensiv produzierten Alu-Rahmen kein schlechtes Umweltgewissen zu haben. Ein Mountainbike-Rahmen aus Aluminium ist selbst ohne grünen Punkt wesentlich umweltverträglicher als jede Cola-Dose mit besagtem Punkt.

Etwas Geschichte – Wie alles anfing

Der über 20 Kilogramm schwere Bolide schießt bockend und hüpfend wie ein wildgewordener Ziegenbock auf die scharfe Haarnadelkurve zu. Ein beherzter Griff in die Bremsen wandelt die adrenalintreibende Bewegungsenergie in Wärme um. Wärme – genauer: Hitze – die die Bremsnaben fast zum Glühen bringt, sie dadurch nahezu jeglicher Wirkung beraubt und so dem Mountainbiker den Schweiß auf die Stirn treibt. Fast 400 Höhenmeter geht es auf einer nicht einmal drei Kilometer langen Feuerlöschstraße den 850 Meter hohen Berg hinab. Joe Breeze und Gary Fisher schießen mit ihren 40 Jahre alten „Clunkern" bereits auf die nächste Kurve zu. Die Bremsen zeigen nicht mehr viel Wirkung. Zum Glück ist das Ziel bereits in Sicht. Am Fuße des Mt. Tamalpais, von den Mountainbike-Pionieren Joe Breeze und Gary Fisher liebevoll Mt. Tam genannt und im kalifornischen Marin County gelegen, warten bereits eine Werkzeugkiste und eine große Büchse Lagerfett. Durch die beim Bremsen entstandene Hitze ist nämlich das Schmiermittel in den Naben dünnflüssig geworden und hat sich auf Nimmerwiedersehen davongemacht. Ein „Repack" ist angesagt, ein neuerliches Abschmieren der Rücktritt- und Trommelbremsnaben, bevor die nächste Abfahrt beginnt.

Am Mt. Tamalpais in Kalifornien wurde der Mountainbike-Sport Mitte der 70er Jahre geboren. Ab 1996 ist Mountainbiking olympische Disziplin. Wer würde da nicht von einer steilen Karriere sprechen?

Das war Mitte der siebziger Jahre, und die „Repack-Rennen" am Mt. Tam gelten heute als die Geburtsstunde des Mountainbikes. Die Bikes von damals waren schwere und äußerst robuste Räder des amerikanischen Herstellers Ignaz Schwinn. Bei den Mountainbike-Pionieren war das von 1933 bis 1941 gebaute Modell „Excelsior" am beliebtesten. Solide konstruiert, besaß es dicke Ballonreifen und eine für die wilden Abfahrten geradezu prädestinierte Rahmengeometrie. Trotzdem waren die Rahmen auf der anspruchsvollen Abfahrtsstrecke schnell ruiniert, und es war abzusehen, daß über kurz oder lang auch der abgelegenste Schrottplatz keine Ersatzrahmen mehr liefern konnte.

Improvisationstalent war gefragt. Joe Breeze baute dann als einer der ersten eigene Rahmen mit der Geometrie des Schwinn-Excelsior. Seine Eigenbaurahmen waren 1,5 Kilogramm leichter als das Original und mit modernsten Zutaten wie 15-Gang-Kettenschaltung und Cantilever-Bremsen ausgestattet.

Während viele damit zufrieden waren, sich in halsbrecherischem Tempo die Berge hinabzustürzen, um die Räder anschließend im Pickup wieder zum Gipfel zu karren, entwickelten Radfreaks – allen voran Gary Fisher – den Ehrgeiz, aus eigener Kraft die Berge in Angriff zu nehmen. Er montierte als erster eine Kettenschaltung, Daumenschalthebel und Mopedbremsgriffe und rundete das Ganze mit einer schnell verstellbaren Sattelstütze ab. Joe Breeze und Gary Fisher bauen noch heute Mountainbikes allererster Güte, und auch Schwinn ist für seine Top-Bikes bekannt. Der Ruhm, dem Mountainbike zum Durchbruch verholfen zu haben, aber gebührt einem anderen: Mike Sinyard. Mit einem außerordentlichen Geschäftssinn gesegnet, ließ er in Japan die ersten serienmäßig produzierten Mountainbikes mit dem Markennamen „Specialized" fertigen. Mit einem üppigen Werbeetat wurde 1982 sein Modell „Stumpjumper" für 750 Dollar an den Mann und an die Frau gebracht. Zwei Jahre später war in den USA bereits jedes dritte verkaufte Rad ein Mountainbike. Heute sind dort drei von vier verkauften Rädern „fat-tire-bikes", und auch in Europa hat das Mountainbike nicht für möglich gehaltene Verkaufszahlen erreicht.

So eroberten sich die in den dreißiger Jahren von Ignaz Schwinn von Europa nach Amerika gebrachten Ballonreifen ziemlich genau fünfzig Jahre später die Alte Welt zurück. Wie viele andere geniale Dinge auch, wurde das Mountainbike also nicht von der Entwicklungsabteilung eines Mammutkonzerns mit Millionenaufwand am Zeichenbrett, sondern von ein paar Radbegeisterten mit viel Phantasie in öligen Hinterhofgaragen und mit Schrottplätzen als Materiallager entwickelt. Heute ist die Mountainbike-Szene, die ihr Kind kurz und prägnant mit „Bike" anspricht, über das Stadium der Hinterhofschrauber längst hinaus. Was nicht zuletzt das enorme Engagement der japanischen und europäischen Komponentenhersteller, die zahlreichen Mountainbike-Zeitschriften und -Bücher sowie der millionenschwere Einstieg der Sponsoren in den Mountainbike-Rennsport beweisen.

Mountainbike-Technik

Mountainbike-Technik

Was kann ein Mountainbike besser als andere Fahrradtypen, und warum konnte es den Markt so für sich einnehmen? Ein wesentlicher Grund ist sicherlich der bereits erwähnte, immer stärker werdende Wunsch vieler Radfahrer, ihren Sport abseits von stark befahrenen Straßen in der freien Natur auszuüben. In einer Zeit, in der der Autoverkehr noch immer zunimmt und in der selbst Nebenstrekken und kleine Ortschaften von einer wahren Blechlawine überrollt werden, macht das Mountainbike seinen Fahrer unabhängig von solch stark frequentierten Straßen. Forststraßen und landwirtschaftliche Wege sind eine hervorragende Alternative für den, der Abgasmief und drängelnden Autofahrern entgehen möchte. Das Mountainbike zeigt als robuster Naturbursche auch auf den übelsten Wegen wahre Nehmerqualitäten. Knöcheltiefe Schlaglöcher beeindrucken es ebenso wenig wie ausgewaschene Fahrspuren, Wurzeln, Zweige oder Steine.

Vielleicht liegt des Pudels Kern aber ganz einfach in der Tatsache begründet, daß das Mountainbike praktisch überall gefahren werden kann, ohne dabei den schalen Beigeschmack der Durchschnittlichkeit zu vermitteln. Tatsächlich gibt es keinen anderen Fahrradtyp, der so vielfältig eingesetzt werden kann. Sicherlich ist ein Rennradfahrer auf entsprechendem Untergrund schneller als die meisten Mountainbiker. Wer aber Slicks auf sein Mountainbike aufzieht und seine Waden ordentlich spielen läßt, wird so manchem Rennradfahrer zeigen, wo der Bartel den Most holt. Ein Mountainbike macht also nicht nur in den Bergen und auf schmalen Pfaden eine gute Figur, sondern gerade auch im Alltagseinsatz und auf der Straße.

Nahezu alle Kritikpunkte, die Radfahrer schon immer an ihren fahrbaren Untersätzen bemängelten, sind beim Mountainbike konsequent ausgemerzt worden. Die Hände bleiben beim Schalten genau da, wo sie hingehören, nämlich am Lenker, und niemand wird mehr gezwungen, auf holpriger Piste verzweifelt am Unterrohr herumfummelnd nach dem richtigen Gang zu suchen. Die dicken Reifen bieten Fahrkomfort, lassen sich auch von derben Schlägen nicht aus der Ruhe bringen, bieten eine bislang nicht gekannte Pannensicherheit und rollen weit besser, als die meisten Kritiker glauben. Hervorragende Bremssysteme - die übrigens inzwischen auch von anderen Fahrradtypen übernommen wurden - bieten ein hohes Maß an Sicherheit, und der kleinste

Ein robuster Rahmen, extrem belastbare Laufräder, überragende Bremsen und eine äußerst vielseitige Schaltung machen das Mountainbike zum idealen Kumpan abseits der großen Verkehrsadern

Gang ermöglicht auch dem Normalradler das Erfolgserlebnis, einen steilen Berg im Sattel sitzend erklommen zu haben; von den Möglichkeiten, die die erstaunlich große Bandbreite und praxisgerechte Abstufung moderner Mountainbike-Schaltungen dem Crack bietet, ganz zu schweigen. Dank der Weiterentwicklung und Kreativität zahlloser Hersteller sind die Rahmen in den letzten Jahren bei äußerster Stabilität unglaublich leicht geworden, und so mancher technische Leckerbissen wurde präsentiert.

War es Anfang der achtziger Jahre noch schwierig, hierzulande ein Mountainbike zu bekommen, so sieht sich der potentielle Käufer heute von einer wahren Modellflut überrollt. Die Bandbreite ist riesig geworden. Da gibt es Touren-Mountainbikes, reinrassige Racebikes, alltagstaugliche Modelle - wie geschaffen für den Asphalt-Dschungel unserer Städte - und hochspezialisierte Abfahrtsrenner für das nervenaufreibende Downhill-Rennen. Dieses Buch soll Ihnen helfen, die Unterschiede in Ausstattung, Rahmengeometrie und Verarbeitung beurteilen zu können und das für Sie richtige Bike zu finden. Denn nie zuvor gab es eine solch überwältigende Auswahl – und nie zuvor war die Gefahr eines Fehlkaufs so groß. In dem Moment, in dem Sie ein Radgeschäft betreten, sollten Sie mehr wissen, als daß Sie eben ein Mountainbike kaufen möchten. Denn da draußen in den mit allerlei Glitzerkram aufgepeppten Bikeshops gibt es zwar eine ganze Menge an wirklich kompetenten Verkäufern, aber nicht immer haben diese die Zeit, einen Kunden umfassend zu beraten. Von den schwarzen Schafen der Branche ganz zu schweigen.

Bevor Sie also einen Verkäufer mit Ihren Fragen überfallen, machen Sie sich erst einmal klar, wie und wo Sie Ihr Mountainbike einsetzen werden. Mit der nervösen Geometrie eines reinrassigen Racebikes werden Sie auf dem Weg zur Arbeit nicht unbedingt gut beraten sein, und spätestens wenn Sie Packtaschen dranhängen und dauernd mit den Fersen dagegen stoßen, werden Ihnen die ersten Zweifel kommen. Wenn Sie andererseits sportlich ambitioniert sind, wird Ihnen der sture Geradeauslauf eines Alltags-Bikes in jeder Spitzkehre den Angstschweiß auf die Stirn treiben.

Als Rahmenmaterial kommen überwiegend hochwertige Stahl- und Aluminiumrohre zum Einsatz

Bei den Fahrradherstellern muß zwischen reinen Montagefirmen und zwischen solchen, die die Rahmen selbst herstellen, unterschieden werden. Namen sind in der Mountainbike-Szene oft Schall und Rauch, und so manches noch nie gesehene Firmenlogo klebt auf einem hervorragenden Bike. Übrigens lassen auch die meisten großen, etablierten Mountainbike-Hersteller ihre Rahmen nach genauen Vorgaben in Fernost, meist in Taiwan, fertigen. Die sogenannte Ausstattung kommt dagegen fast immer aus Japan. Aber auch europäische Firmen bieten interessante „Gruppen“ an. Unter einer Gruppe versteht man das Ausstattungs-Paket, bestehend aus Bremsen, Schaltung, Naben, Steuersatz, Innenlager, Kurbelsatz sowie den Brems- und Schalthebeln. Lenker, Felgen, Bereifung und Sattel werden von weiteren Firmen zugekauft. Der Radhersteller versucht also, mit am Markt erhältlichen Bauteilen und mit einem nach seinen Vorstellungen gefertigten Rahmen ein Bike zu schaffen, das seinem Einsatzzweck optimal entspricht.

Der Rahmen: Materialien – Verarbeitung – Geometrie

Ganz am Anfang der Entscheidungsfindung für das individuell richtige Bike steht die Frage nach dem Rahmenmaterial. Die Masse der Bikes wird nach

wie vor mit Rahmen aus Stahlrohren geliefert. Das hat seinen guten Grund. Kein anderes Material kann auf eine solch lange Entwicklungsgeschichte zurückblicken wie Stahl. Moderne Stahlrohre haben einen Entwicklungsstand erreicht, der kaum noch zu verbessern sein dürfte. Durch das Legieren, das heißt durch das Verschmelzen mit Zusätzen wie etwa Chrom, Mangan, Molybdän oder Vanadium, werden die Materialeigenschaften von Stahl deutlich verbessert. Am weitesten verbreitet sind Rohrsätze aus Chrom-Molybdän-Stahl, meist kurz und bündig als „Cromoly“ bezeichnet. Während die Oberflächenhärte, Zugfestigkeit und Korrosionsbeständigkeit durch das Legieren optimiert werden, bleibt die Dichte des Ausgangsmaterials nahezu unverändert. Im Klartext heißt das: deutlich verbesserte Eigenschaften bei praktisch gleichem Gewicht. Dank der verbesserten Eigenschaften können die Rohre aber mit geringerer Wandstärke oder bei gleicher Wandstärke mit geringerem Durchmesser eingesetzt werden, was letzten Endes dem Gewicht zugute kommt.

Hochwertige Bike-Rahmen

Während einfache Rohre aus Bandstahl geformt, verschweißt und zu Billigrahmen verarbeitet werden, verwendet man für hochwertige Bike-Rahmen nahtlos gezogene Rohre. Massive, glühende Stahlstäbe werden unter gleichzeitiger Drehung über einen Dorn gezogen und anschließend langsam abgekühlt. Der Stahl verliert durch dieses Verfahren kaum an Festigkeit. Solchermaßen nahtlos gezogene Rohre werden meist auch noch konifiziert. Dadurch entstehen hochwertige Rohrsätze, die an den Enden – hier sind die Rohre am stärksten belastet – eine größere Wandstärke aufweisen als in der Mitte. Bei gleicher Belastbarkeit können die Rohre dadurch noch leichter werden. Ein guter Stahlrahmen hält fast ewig, besitzt hervorragende Nehmerqualitäten und kann mit hochwertigen Rohren erstaunlich leicht gebaut werden.

Im High-End-Bereich werden Rahmen immer öfter aus Titan gefertigt. Leichter als Stahl, ist Titan völlig korrosionsfrei und besitzt eine überragende Elastizität

Auch Aluminium hat sich als Material für Mountainbike-Rahmen seinen Platz erobert und wird ebenfalls legiert, und zwar meist mit Magnesium und Silizium, seltener mit Kupfer und Zink. Die Nachteile von Aluminium aber sollten nicht verschwiegen werden. Damit ein Aluminiumrohr bei gleichem Durchmesser dieselbe Stabilität erreicht wie ein Stahlrohr, muß die Wandstärke gegenüber diesem etwa verdreifacht werden. Solch ein Rohr wird dann schnell schwerer als eines aus Stahl. Deshalb geht man in der Praxis einen anderen Weg. Nicht die Wandstärke wird erhöht, sondern der Durchmesser der Rahmenrohre; „oversized" lautet hier das Zauberwort. Alu-Rahmen wirken also meist recht wuchtig, sind nicht zwangsläufig leichter als ein vergleichbarer Stahlrahmen aus hochwertigen Rohren und nerven gelegentlich durch ihre gnadenlose Härte.

Nicht nur das Gewicht des Rahmens, sondern auch der Fahrkomfort wird vom Rahmenmaterial beeinflußt. Stahl- und Aluminium-Rohre ergeben meist recht harte Rahmen, während Titan-Rohre eher weiche Rahmen ergeben. Das High-Tech-Metall Titan wird immer häufiger für hochwertige Mountainbike-Rahmen eingesetzt. Es ist völlig korrosionsfrei,

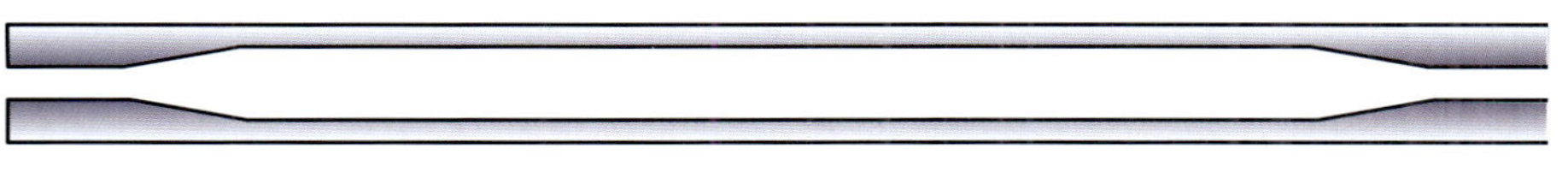

Hochwertige Rahmenrohre sind konifiziert. Die stark belasteten Rohrenden sind verstärkt

Aus Carbon werden oft Rahmen realisiert, die durch ihr modernes Design progressiv und futuristisch wirken

liegt mit seinem spezifischen Gewicht ziemlich genau zwischen Stahl und Aluminium und ist extrem teuer. „Bike-tauglich" aber wird auch Titan erst, wenn es legiert wird, meist mit Vanadium und Aluminium. Titan ist deutlich elastischer als Stahl und ergibt sehr leichte und gut dämpfende Rahmen. Damit Titanrahmen nicht allzu nachgiebig ausfallen, werden auch hier gerne Rahmenrohre mit etwas größerem Durchmesser, also „oversized", verarbeitet. Das Material der Zukunft, Carbon, wird immer öfter in Monocoque-Bauweise verarbeitet. Bei der Monocoque-Bauweise wird der Rahmen am Stück in einer Form hergestellt. Dadurch sind ausgefallene Detaillösungen möglich, das Design wirkt meist recht progressiv und futuristisch, und der Konstrukteur kann das Material genau da plazieren, wo er es braucht. So werden wenig belastete Stellen nicht überdimensioniert und umgekehrt. Aber auch herkömmliche Diamantrahmen werden aus Carbon hergestellt. Kohlefaserfäden werden dafür zu Rohren gerollt und mit Epoxidharz getränkt. Nach dem Aushärten erhält man ein Rohr, das meist in Alu-Muffen verklebt wird und steif und gleichzeitig sehr leicht ist. Meist werden den Rohren noch spezielle Fasern wie beispielsweise Kevlar zugefügt, um die recht spröden Kohlefasern in ihrem Dämpfungsverhalten zu verbessern.

Verarbeitung

Womit wir auch schon bei der Verarbeitung sind. Möglichkeiten, die einzelnen Rahmenrohre dauerhaft zu einem Mountainbike-Rahmen zu verbinden, gibt es viele. Am weitesten verbreitet ist im Bike-Bereich das Verschweißen der Rohre. Der Rahmenbauer ist dabei unabhängig von Muffen, wie sie beim Verlöten benötigt werden, und dadurch flexibler in der Wahl der Rohrwinkel. Alu-Rahmen werden ebenfalls fast ausnahmslos verschweißt. Durch einen Schutzgasmantel wird der Luftsauerstoff ausgeschlossen und eine Beeinträchtigung der Festigkeit durch Oxidation verhindert. Untersuchungen deuten übrigens darauf hin, daß nachträglich verschliffene Schweißnähte – bei Alu-Rahmen gelegentlich praktiziert – nicht so belastbar sind wie unbearbeitete. Die Gewinde und der Sitz des Steuersatzes im Steuerrohr werden bei hochwertigen Alu-Rahmen oft mit Stahleinsätzen versehen. Noch aufwen-

diger ist die Schweißtechnik bei Titanrahmen, weil das Edelmetall während des Schweißens nicht mit der Luft in Berührung kommen darf. Das Edelmetall fühlt sich während des Schweißens am wohlsten, wenn es in einer speziellen Kabine vollständig von dem ebenfalls „edlen" Gas Argon umgeben ist. Diese Schweißtechnik aber wird nur von relativ wenigen Herstellern beherrscht und angewandt. Gute Schweißarbeit, egal ob an Stahl-, Alu- oder Titanrahmen, erkennt man an sauberen, gleichmäßigen Schweißnähten ohne unschöne Einschlüsse. Achten Sie vor allem auf den schwer zugänglichen Tretlagerbereich und andere verwinkelte Stellen. Sind die Schweißnähte auch hier schön gleichmäßig geschuppt, dann war zweifellos ein Könner am Werk.

Aber auch das klassische Verlöten der Rahmenrohre in Muffen ist alles andere als Schnee von gestern. Durch die große Kontaktfläche zwischen Rohr und Muffe ergibt sich eine sehr hohe Festigkeit, und der Kraftfluß zwischen beiden verläuft sehr weich. Hochwertige Rahmen werden mit Silberlot hartgelötet, das mit 600 °C einen um 200 Grad niedrigeren Schmelzpunkt als Messinglot hat und die Rahmenrohre deshalb nicht so stark erhitzt werden müssen. Sie verlieren dadurch weniger von ihrer ursprünglichen Festigkeit. Beim Löten fließt das Lot – mit einem Lötbrenner erhitzt – dank der Kapillarwirkung in den hauchfeinen Spalt zwischen Rohr und Muffe und verbindet diese großflächig miteinander. Gute Muffen werden – im Gegensatz zu den billigen, aus Blechen gestanzten und anschließend

Rahmen aus verschweißten Stahlrohren (oben)

Rahmen aus verschweißten Aluminiumrohren (Mitte)

Sind die Schweißnähte auch im Tretlagerbereich schön und gleichmäßig geschuppt, war zweifellos ein echter Könner am Werk (unten)

Das klassische Verlöten von Stahlrohren in Muffen ist alles andere als „out"

verschweißten Ausführungen – aus Feinguß hergestellt und führen die Wärme beim Löten wesentlich besser ab. Es ist aber auch möglich, die Rohre ohne Muffen zu einem Bike-Rahmen zu verlöten. Beim „fillet brazing" genannten Verfahren werden die exakt auf Passung gefrästen Rohre stumpf verlötet. Das Lot wird anschließend sauber verschliffen, was sehr elegant wirkende, weich fließende Übergänge ergibt. Der Rahmenbauer wird dadurch unabhängig von Muffen und damit sehr flexibel in der Wahl der Rohrwinkel.

Bei verlöteten Rahmen sollten Sie auf saubere Übergänge vom Rohr zur Muffe achten. Spalten, Lotrückstände oder gar extradick aufgetragener Lack deuten auf schlampige Verarbeitung hin, die bei geschweißten Rahmen übrigens leichter zu diagnostizieren ist, weil die eigentliche Verbindung nicht unter einer Muffe verborgen ist. Die bei Carbon- und teilweise auch bei Alu-Rahmen angewandte Methode des Verklebens in speziellen Muffen ist vom Käufer noch schwerer auf sorgfältige und dauerhafte Verarbeitung zu überprüfen. Hier sollte man ganz besonders auf einen renommierten Hersteller setzen und auf das Urteil eines kompetenten Fahrradverkäufers. Alles in allem ist es also nicht immer ganz einfach, die Qualität eines Rahmens zu beurteilen. Der verwendete Rohrsatz geht übrigens aus dem kleinen Aufkleber hervor, der meist auf dem Sitzrohr angebracht ist und dessen Vergabe von den Rohrherstellern streng überwacht wird. Wenn besagter Aufkleber stolz auf dem Sitzrohr prangt, ist aber noch lange nicht gesagt, daß auch der ganze Rahmen aus solch hochwertigem Rohr besteht. Schwarze Schafe der Branche verwenden nur für das Rohr, auf dem das Etikett klebt, die entsprechende Rohrqualität. Alle anderen Rahmenrohre werden aus billigeren Rohren gefertigt. Auch hier schützen ein kompetenter Radladen in Verbindung mit einem renommierten Hersteller vor herben Enttäuschungen.

Ein kleiner Aufkleber des Rohrherstellers auf dem Sitzrohr bürgt für die Qualität der verwendeten Rahmenrohre

Einen guten Mountainbike-Rahmen erkennt man auch an der Qualität der Ausfallenden. Sie sollten unbedingt geschmiedet sein. Ausfallenden aus gestanztem Blech findet man heute nur noch an absoluten Billigst-Bikes. Außerdem sollten die Ausfallenden senkrecht nach unten weisen. Solche senkrechten Ausfallenden haben den Vorteil, daß das Hinterrad sich bei starkem Antritt nicht im Rahmen schräg stellen kann, daß die Schaltvorgänge präziser verlaufen und daß der Radausbau etwas leichter vonstatten geht als bei waagerechten Ausfallenden, wie sie vor allem im Rennradbereich verwendet werden. Zudem kann der Abstand von der Radachse bis zum Quersteg zwischen den Kettenstreben kürzer gehalten werden, weil ein Verschiebebereich – wie er bei waagerechten Ausfallenden notwendig ist – ja nicht gebraucht wird. Dadurch können die Kettenstreben kürzer und damit der gesamte Hinterbau steifer gehalten werden. Der Rahmenbauer aber muß bei senkrechten Ausfallenden besonders sorgfältig arbeiten, weil ein leicht schräg stehendes Hinterrad nicht durch Verschieben – wie bei waagerechten Ausfallern möglich – korrigiert werden kann. Auch an den Anlötteilen kann man die Sorgfalt, mit der der Rahmenbauer bzw. -konstrukteur zu Werke gegangen ist, gut ablesen. Achten Sie darauf, daß die Bowdenzüge für die Schaltung sauber geführt werden, ohne ständig irgendwo am Rahmen zu scheuern, und daß der Bowdenzug für die Bremse hinten elegant und ohne Knickstellen verlegt ist. Geschlitzte Kabelführungen erleichtern die Wartung, weil die Bowdenzüge ohne Werkzeug und ohne Neueinstellung zum Abschmieren einfach ausgehängt werden können.

Zu guter Letzt spielt auch die Lackqualität noch eine wichtige Rolle. Gerade beim Mountainbike werden ständig Steinchen gegen die Rahmenrohre geschleudert. Ein schlechter Lack gibt da schnell den Widerstand auf, und das blanke Metall kommt zum Vorschein. Geradezu wie geschaffen für das Mountainbike ist die Pulverbeschichtung. Bei diesem Verfahren werden feine Kunststoffpartikel durch elektrostatische Aufladung gleichmäßig auf dem Rahmen verteilt und anschließend in einem Ofen miteinander verschmolzen. Solcherart pulverbeschichtete Rahmen sind extrem schlagfest, und selbst einer peitschenden Kette hält die Pulverbeschichtung stand. Zudem ist das Verfahren äußerst umweltfreundlich, weil keinerlei Lösungsmittel eingesetzt worden sind.

Hochwertiges, geschmiedetes, senkrechtes Ausfallende

Geschlitzte Kabelstopper erleichtern die Wartung der Bowdenzüge

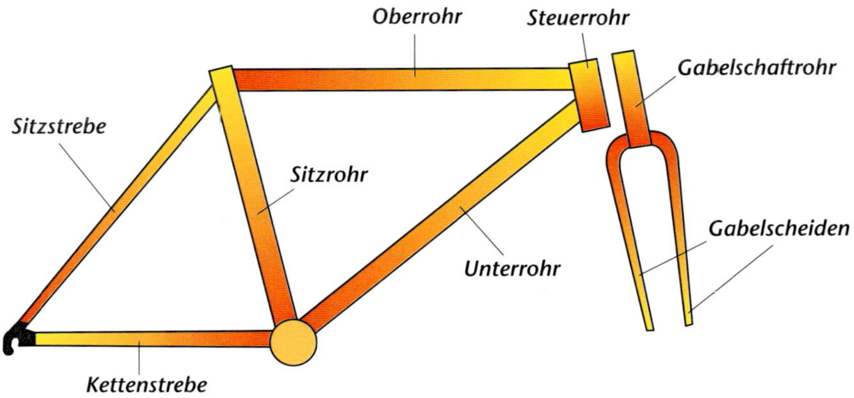

Bezeichnung der Rahmenrohre eines Mountainbike-Rahmens

Rahmengeometrie

Kommen wir zur Rahmengeometrie. Sie bestimmt – noch mehr als das verwendete Rahmenmaterial und dessen Verarbeitung – die Fahreigenschaften des Mountainbikes. Die Winkel der einzelnen Rahmenrohre zueinander sowie deren Länge sind dafür verantwortlich, ob das Bike wie auf Schienen steilste Abfahrten meistert, ob es sich präzise um eine Spitzkehre herumzirkeln läßt oder ob steile Anstiege ohne ein ständig aufsteigendes Vorderrad gemeistert werden können.

Auch eine effiziente Kraftübertragung und die optimale Sitzposition hängen von der richtigen Rahmengeometrie ab. Steuerrohrwinkel, Sitzrohrwinkel, Radstand, Nachlauf sowie die Länge des Oberrohrs und der Kettenstreben bestimmen also die Qualitäten und damit auch den Einsatzbereich des Bikes.

Die wichtigsten Winkel eines Mountainbike-Rahmens

Der Sitzrohrwinkel bestimmt die Position des Fahrers – oder genauer gesagt seiner Beine – in Relation zu den Pedalen und damit die Art und Weise der Kraftübertragung. Er liegt meist irgendwo zwischen 68 Grad und maximal 75 Grad. Je steiler der Sitzrohrwinkel ausfällt, desto weiter vorn sitzt der Fahrer und desto kraftvoller kann er speziell am Berg in die Pedale treten. Zusätzlicher Vorteil: der Schwerpunkt des Fahrers kommt weiter nach vorn, wichtige Voraussetzung, um ein aufsteigendes Vorderrad an steilen Anstiegen zu vermeiden. Sportliche Bikes weisen fast alle einen Sitzrohrwinkel von etwa 72 Grad oder etwas mehr auf und bieten eine sehr ausgewogene Gewichtsverteilung zwischen Vorder- und Hinterrad. Werte unter 70 Grad ergeben dagegen eine Sitzposition für eher entspanntes, bequemes Radfahren in nicht allzu bergigem Gelände.

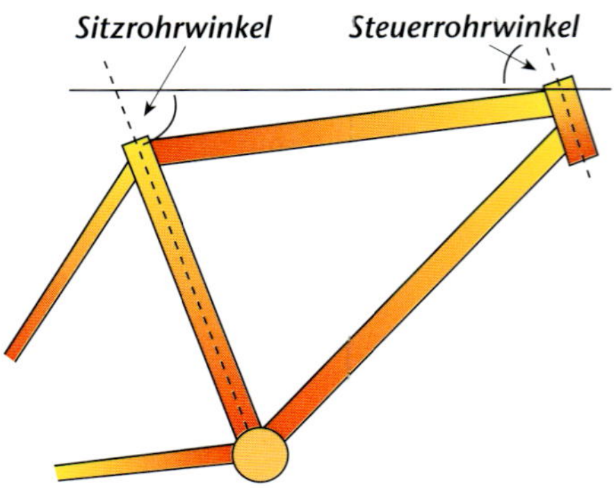

Auch die Länge der Kettenstreben hat wesentlichen Einfluß auf die Kraftübertragung. Sportliche Mountainbikes haben meist Kettenstreben mit einer Länge von weniger als 45 Zentimetern. Durch kurze Kettenstreben wird mehr Gewicht aufs Hinterrad gebracht als mit langen, weil die Hinterradachse mehr in Richtung Fahrer rückt. Die Traktion wird dadurch besser – für ein Mountainbike auf rutschigem Untergrund ein wichtiger Pluspunkt. Je kürzer die Kettenstreben werden, je weiter also das Hinterrad in Richtung Tretlager rückt, desto enger geht es in diesem Bereich zu. Der Reifen braucht seinen Freiraum, um auch schlammbefrachtet nicht gleich zwischen den Kettenstreben steckenzubleiben, und die Kurbeln müssen – auf einer möglichst kurzen und damit steifen Innenlagerachse montiert – ebenfalls noch ohne anzuschlagen an den Kettenstreben vorbeikommen. Weil sich ja auch noch die Kette durch diese Engstelle schlängelt, sind extrem kurze Werte nur mit hochgezogenen Kettenstreben zu realisieren. Über „Elevated Chainstays" erfahren Sie später, im Zusammenhang mit den Rahmenbauformen, noch mehr. Wer mit seinem Mountainbike auf Tour gehen möchte, sollte ein Modell mit etwas längeren Kettenstreben wählen. Dadurch wird zum einen der Fahrkomfort besser, weil der Hinterbau stärker dämpft, und vor allem wird Freiraum geschaffen für die in Verbindung mit Packtaschen notwendige Fersenfreiheit.

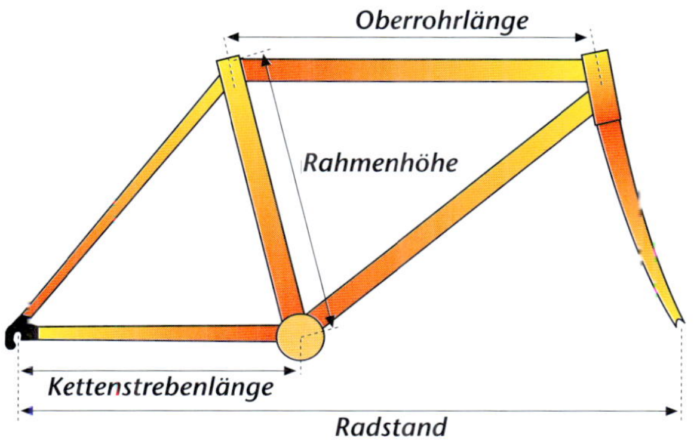

Die Maße eines Mountainbike-Rahmens

Weil die Länge der Kettenstreben auch den Radstand wesentlich mitbeeinflußt, sorgen längere Werte auch für einen besseren Geradeauslauf und kürzere Werte dementsprechend für erhöhte Wendigkeit.

Der Radstand

Damit sind wir schon beim nächsten wichtigen Faktor der Rahmengeometrie: dem Radstand. Gemessen zwischen Vorder- und Hinterradachse, liegt er bei sportlichen Bikes in etwa bei 105 Zentimetern, während er bei Touren-Mountainbikes 108 Zentimeter oder gar mehr beträgt. Die Mountainbikes der ersten Stunde hatten noch extrem lange Radstände und liefen dadurch wie auf Schienen geradeaus. Inzwischen werden die Werte für sportliche Bikes aber immer kürzer und diese dadurch immer wendiger. Auf schnellen, anspruchsvollen Abfahrten wollen diese Bikes aber von einer routinierten Hand geführt werden. Der Anfänger beginnt also besser mit einem etwas längeren Radstand.

Nachlauf und Steuerrohrwinkel sind die wichtigsten Größen in bezug auf das Lenkverhalten

Der Steuerrohrwinkel, auch Lenkkopfwinkel genannt, schließlich ist zusammen mit dem Nachlauf für das Lenkverhalten verantwortlich. Er liegt meist zwischen 68 Grad und 72 Grad. Ein flacher Steuerrohrwinkel von beispielsweise 68 Grad ergibt ein völlig ruhiges, fast schon träges Lenkverhalten, bietet dem Anfänger aber gerade bei schnellen Abfahrten eine hohe Sicherheitsreserve. Schnelle und spontane Richtungswechsel aber sind nicht die Stärke eines flachen Steuerrohrwinkels. Am anderen Ende der Skala erhält der Biker dagegen ein äußerst agiles Rad, das sich spielerisch um Hindernisse herumzirkeln läßt und spontan auf Richtungskorrekturen reagiert. Ein Steuerrohrwinkel von 72 Grad erfordert bei rasanten Abfahrten aber schon eine recht erfahrene Hand, um übermäßige Adrenalinausschüttungen zu vermeiden.

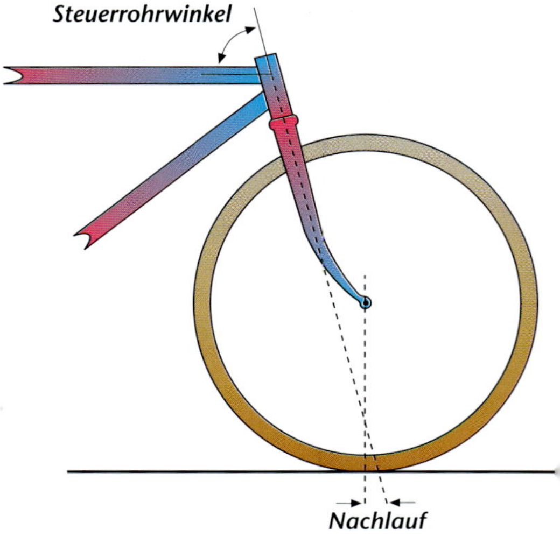

Auch der Nachlauf hat ein gewichtiges Wörtchen mitzureden, wenn es um das Lenkverhalten geht. Wir alle kennen das Prinzip vom Einkaufswagen im Supermarkt: Die Räder sind so aufgehängt, daß sie sich selbst stabilisieren, sie „laufen nach". Genau so läuft auch ein Vorderrad am Mountainbike nach, wenn es auf den ersten Blick auch nicht so aussieht. Die Werte für den Nachlauf liegen in der Regel bei etwa 6 Zentimetern. Kürzere Werte ergeben ein wendigeres Lenkverhalten, längere einen stabileren Geradeauslauf. Allzu groß darf der Nachlauf aber auch bei einem auf guten Geradeauslauf getrimmten Bike nicht sein. Dann werden die erforderlichen Kräfte für einen Richtungswechsel nämlich zu groß, und auch der Hebelarm, über den Fahrbahnunebenheiten am Rad angreifen, wird immer größer. Das Bike wirkt dann nervös und fremdgelenkt.

Bleibt noch die Länge der einzelnen Rahmenrohre als Einflußfaktor auf die Fahreigenschaften. Während die Länge von Sitzrohr, Unterrohr, Steuerrohr und der Sitzstreben für die Rahmenhöhe verantwortlich ist, ist die Oberrohrlänge ein wichtiger Faktor in bezug auf die Sitzposition des Bikers. Ein langes Oberrohr ergibt eine sportlich nach vorn geneigte Haltung, während es auf einem Mountainbike mit relativ kurzem Oberrohr bei aufrechter Sitzposition eher locker und gemütlich zugeht.

Zusammenfassend kann also gesagt werden, daß der Anfänger oder auch der ausgesprochene Tourenfahrer auf ein gemäßigtes Mountainbike mit relativ flachen Winkeln in Verbindung mit kurzem Oberrohr und langen Kettenstreben setzen sollte. Sportler dagegen werden mit zunehmender Bike-Erfahrung mit steileren Winkeln, kurzen Kettenstreben und einem etwas längeren Oberrohr besser bedient sein. Sportliche Rahmen sind meist auch kompakt, das heißt aus kleinen und damit steifen Dreiecken aufgebaut. Profis sitzen deshalb nicht sämtliche Unebenheiten, die das Gelände zu bieten hat, im Sattel aus, sondern federn Stöße dynamisch mit dem Körper ab, indem sie rechtzeitig aus dem Sattel gehen.

Wenn Sie sich erst einmal soweit durch diese recht trockene Materie durchgeackert haben, wird Ihnen sicherlich klar geworden sein, daß es äußerst wichtig ist, sich über das spätere Einsatzgebiet Gedanken zu machen. Vor dem Gang in den Radladen sollten Sie also wissen, ob Sie eine Bergziege, einen Packesel, ein feuriges Roß oder einen robusten Kaltblüter für den Alltag brauchen.

Rahmenbauformen

Vor über 100 Jahren wurde mit dem Diamantrahmen eine optimale Synthese aus Steifigkeit, Elastizität und niedrigem

Top-Bike mit einem Rahmen in klassischer Diamant-Bauweise

Gewicht gefunden. Seitdem hat sich im Rahmenbau nichts Wesentliches mehr geändert. Der Diamantrahmen, so genannt, weil sein Aufbau aus miteinander verbundenen Dreiecken an die kristalline Struktur eines Diamanten erinnert, wurde zwar immer wieder optimiert, in seinen Grundzügen aber kaum mehr verändert. Daß er sich bis heute halten konnte, spricht für seine Qualitäten. Mit einem Minimum an Materialeinsatz erreicht ein Diamantrahmen ein Maximum an Stabilität.

So basieren auch die meisten Mountainbikes auf einem klassischen Diamantrahmen. Drei Modifikationen aber sind im Bike-Bereich nicht mehr wegzudenken. Zum ersten sind das die Rahmen mit einem abfallenden Oberrohr, zum zweiten solche mit mehr oder weniger weit nach oben gezogenen Kettenstreben und drittens Rahmen in „Oversized"-Ausführung. Das abfallende Ober-

Bike-Rahmen mit stark abfallendem Oberrohr

rohr – Bike-Cracks nennen es gern „Sloping Top Tube“– schlägt gleich mehrere Fliegen mit einer Klappe. Verglichen mit einem waagerecht verlaufenden Oberrohr ist ein nach hinten abfallendes Oberrohr bei gleichem Abstand Lenker/Sattel etwas kürzer. Das spart zum einen (minimal) Gewicht, und zum anderen ist ein Rahmen, der aus kürzeren Rohren gebildet wird, natürlich auch steifer und damit dem mitunter recht harten Mountainbike-Alltag besser gewachsen. Zudem wird die Schrittfreiheit größer; ein nicht zu unterschätzender Vorteil vor allem in schwierigem Gelände. Bei extrem kleinen Rahmen sorgt ein abfallendes Oberrohr nebenbei auch noch dafür, daß bei optimaler Schrittfreiheit das Steuerrohr nicht zu kurz ausfällt, die Vorderradgabel beim Bremsen also nicht allzu sehr am Steuerrohr herumhebelt und der Fahrer mit dem Oberkörper nicht zu weit nach unten gezwungen wird.

Rahmen mit „Elevated Chainstays“ werden gebaut, um die Kettenstreben kompromißlos kurz halten zu können. Weil sie ja jetzt nicht mehr unten im engen Tretlagerbereich ansetzen, sondern weiter oben am Sitzrohr, kann das Hinterrad extrem weit nach vorne rücken. Eine Kettenstrebenlänge von 40 Zentimetern kann durchaus realisiert werden. Sind die Kettenstreben länger als 43 Zentimeter, machen „Elevated Chainstays“ keinen Sinn. Denn Werte von 43 Zentimetern, teilweise sogar noch etwas darunter, sind auch mit einem herkömmlichen Rahmen möglich. Angenehme Nebeneffekte der hochgezogenen Kettenstreben: eine peitschende Kette kann sich nicht mehr zwischen Reifen und Kettenstrebe verkeilen, der gefürchtete „Chain Suck“ wird verhindert. Selbst die fettesten Reifen haben genügend Freiraum, und nicht zuletzt kann die Kette ohne Nietendrücker entfernt werden. Sie läuft ja nicht mehr durch das hintere Rahmendreieck.

Top-Bike mit hochgezogenen Kettenstreben und radial gespeichertem Vorderrad und Federgabel

Für einen Rahmen mit hochgezogenen Kettenstreben sollte sich aber nur derjenige entscheiden, der die extrem kurzen Kettenstreben in Verbindung mit dem daraus resultierenden kurzen Radstand bedingungslos favorisiert. Die oben geschilderten „angenehmen Nebeneffekte" allein rechtfertigen diese Konstruktion kaum. Denn die „Elevated Chainstays"-Konstruktion hat auch Nachteile. Durch die weit nach oben gerückten Kettenstreben werden der Tretlagerbereich und der gesamte Hinterbau leicht labil. Die Konstrukteure versuchen dem durch Verstärkungen entgegenzutreten. Der Rahmen wird also schwerer und ist trotzdem nicht so verwindungssteif wie ein Diamantrahmen.

Rahmen mit extra großem Rohrdurchmesser werden als „Oversized"-Rahmen bezeichnet. Bei Aluminiumrohren fast schon Standard, werden auch Stahlrohre immer häufiger mit größerem Durchmesser verarbeitet. Zwingend notwendig ist das bei Stahlrohren im Gegensatz zu Aluminiumrohren nicht. Es ergibt aber die bullige Optik, die so manch einer von seinem Mountainbike erwartet.

Ein weiteres Schlagwort in der bilingualen Mountainbike-Szene sind die „Full Suspension Bikes". Auch das vollgefederte Mountainbike macht einen speziell konzipierten Rahmen notwendig. Läßt sich eine Federgabel zur Not auch noch ganz gut in einen eigentlich gar nicht

„Full Suspension Bike", bei dem der Schwingendrehpunkt optimal hinter dem Tretlager plaziert ist

dafür vorgesehenen Rahmen einbauen, so ist eine Hinterradfederung immer fester Bestandteil der Rahmenkonstruktion. Die ersten Hinterradfederungen waren noch schwer, schlecht gelagert und relativ unausgereift, aber zwischenzeitlich hat sich doch einiges getan. Bevor wir hier genauer auf die unterschiedlichen Hinterbausysteme eingehen, erst noch einige grundsätzliche Überlegungen zum Thema Federung am Mountainbike.

Federung am Mountainbike

Begonnen hat alles mit gefederten Vorbauten, dann kamen die gefederten Vorderradgabeln, und schließlich wurde auch noch das Hinterrad aus seiner starren Lage befreit. Egal, ob Federgabel vorn oder Hinterradfederung, Konstrukteur und Kunde müssen sich zwischen zwei Federungssystemen entscheiden. Zum einen wäre da das einfach aufgebaute und leicht zu wartende Elastomer-Prinzip und zum anderen das deutlich aufwendigere Hydraulik-Prinzip.

Federgabel nach dem Elastomer-Prinzip ohne zusätzliche Dämpfung (links)

Federgabel mit Luftfederung und ölhydraulischer Dämpfung (rechts)

Beim genial einfachen Elastomer-Prinzip federn Kunststoffblöcke aus Polyurethan – sogenannte Elastomere – die Bodenunebenheiten ab. Durch unterschiedlich harte Elastomere kann die Federhärte beeinflußt und damit eine Anpassung an Fahrer und Gelände vorgenommen werden. Gedämpft wird ebenfalls über die Elastomere, und zwar schlicht und wiederum ganz einfach über deren Eigendämpfung. Beim Hydraulik-Prinzip wird es schon etwas komplizierter. Gefedert wird hier meist über ein im Federelement eingeschlossenes Luftpolster oder eine Stahlfeder. Durch eine Veränderung des Luftdrucks bzw. der Federvorspannung kann die Federhärte beeinflußt werden. Gedämpft wird mittels Hydrauliköl. Durch die Verwendung von dick- oder dünnflüssigem Öl können die Dämpfungseigenschaften beeinflußt werden. Zur Verwendung kommen dieselben Öle, wie sie auch für Motorradgabeln verwendet werden.

Federung und Dämpfung

An diesem Punkt sollte kurz auf die Begriffe Federung und Dämpfung eingegangen werden. Im Prinzip ist auch hier alles ganz einfach: das Federelement (egal ob Elastomer, Stahlfeder oder Luftpolster) wird durch eine Bodenunebenheit zusammengepreßt. Nun hat ein Federelement leider die unangenehme

Eigenschaft, nicht sofort wieder in seine Ausgangsposition zurückzukehren, um dort still verharrend den nächsten Schlag zu erwarten, sondern es schwingt statt dessen in aller Ruhe aus. In der Praxis bedeutet das ein noch geraume Zeit auf und ab hüpfendes Laufrad. Erst durch die Dämpfung wird dieses Ausschwingen wirksam unterbunden. Hier zeichnen sich allmählich auch die Grenzen bzw. Nachteile des Elastomer-Prinzips ab. Eine optimale Dämpfung ist hier nicht möglich, weil sie ja ganz allein auf der Eigendämpfung des Materials beruht und nicht ohne weiteres beeinflußt werden kann. Völlig anders sieht es dagegen bei der ölhydraulischen Dämpfung aus. Durch ein ausgeklügeltes System aus Kanälen und Ventilen wird dem Hydrauliköl beim Einfedern ermöglicht, durch eine relativ große Bohrung zu fließen und so die Einfedergeschwindigkeit kaum oder gar nicht zu beeinträchtigen. Der Fachmann spricht hier von der Druckstufe. Beim Ausfedern muß das Hydrauliköl dagegen durch eine vergleichsweise kleine Bohrung zurückströmen und „bremst“ somit den Ausfedervorgang optimal ab. Der Fachmann spricht dabei von der Zugstufe. Ein Federungssystem mit einem Hydraulik-Dämpfer kann also viel effektiver dämpfen und ermöglicht durch einen Verstellmechanismus, der es erlaubt, den Querschnitt der Durchflußbohrungen für das Öl zu verändern, zudem noch eine perfekte Feinabstimmung in Sekundenschnelle.

Wer jetzt aber glaubt, mit einem „Full Suspension Bike“ eine „Bügelmaschine“ zu erwerben, die ihn fortan unbeschwert und wie losgelöst von den Gesetzen der Schwerkraft selbst noch über die übelsten Pisten schweben läßt, der wird auf einer Probefahrt schnell eines Besseren belehrt. Anders als im bunten Prospekt und bei endlosen theoretischen Diskussionen zeigt die ausgedehnte Testfahrt schnell, was an der Vollfederung außer dem teilweise nicht unbeträchtlichen Mehrgewicht noch dran ist. Ein Mountainbike, dessen Federelemente zu weich abgestimmt sind, würde schnell zum Schaukelstuhl werden und zudem einen beträchtlichen Teil der wertvollen Antriebsenergie schlucken. Straff abgestimmt wird zwar nicht mehr jede kleinste Unebenheit weggefedert, komfortabler als ohne Federung ist es aber allemal, und vor allem bergab läßt es sich um einiges schneller fahren. Höhere Geschwindigkeiten sind hier durch einen eindeutig verbesserten Bodenkontakt möglich. Bei Downhill-Rennen und für sportliche Biker sind Federungssysteme demzufolge nicht mehr wegzudenken. Denn nur ein Laufrad, das Bodenkontakt hat, kann Lenk-, Brems- und Antriebskräfte optimal übertragen. Bei gut abgestimmten „Full Suspension Bikes“ bleiben die Räder auf dem Boden, eben da, wo sie hingehören, und bieten dadurch ein enormes Plus an Sicherheit. Aber auch dem Tourenfahrer, der viel und lange in den Bergen unterwegs ist, bietet ein gefedertes Bike Vorteile: Durchgeschüttelte Unterarme und schmerzende Handgelenke sind damit kein Thema mehr. Lange, steile und holprige Abfahrten sind bei weitem nicht mehr so kräftezehrend wie bisher. Die Vorteile der Federung am Mountainbike liegen also eher im sportlichen Einsatz. Wem es nur um Fahrkomfort im Alltagsbetrieb geht, der ist mit dicken Reifen, in Verbindung mit einem etwas niedrigeren Luftdruck, sicherlich auch nicht schlecht bedient. Sicher ist jedenfalls, daß die Vollfederung am Bike nicht wieder in irgendeiner Senke verschwinden, sondern in Zukunft – weiter perfektioniert und verfeinert – einen festen Platz im Modellprogramm der Hersteller einnehmen wird.

Hinterbausysteme

Kommen wir nun zu den unterschiedlichen Hinterbausystemen. Wie nicht anders zu erwarten, finden sich auch hier die verschiedensten Lösungen. Die ersten „Full Suspension Bikes“ hatten einen recht hohen Schwingendrehpunkt, um die aufwendige Lagerung der Hinterradschwinge problemlos unterbringen zu können. Auf den ersten Blick erinnert solch ein Rahmen an ein Bike mit hochgezogenen Kettenstreben. Dieses System hat aber einen gravierenden Nachteil: Je weiter das Hinterrad einfedert, desto größer wird der Abstand zwischen der Hinterradachse und dem Tretlager.

Hinterradfederung mit weit oben liegendem Drehpunkt

Hinterradfederung mit Federelement am Oberrohr

Dadurch entsteht beim Einfedern ein Zug auf die Kette, und die Pedale werden nach hinten gezogen. Ein äußerst unangenehmer Nebeneffekt, der vor allem bergauf viel Kraft kostet. Dieser unschöne Pedalrückschlag wurde bei den neuen Hinterbausystemen völlig ausgemerzt. Durch einen Schwingendrehpunkt, der unmittelbar hinter dem Tretlagergehäuse liegt, werden sämtliche Federungseinflüsse von der Kette ferngehalten. Ein zusätzliches Gelenk, dicht am Ausfallende gelegen, läßt die Federung auch während des Bremsens noch sauber ansprechen. Natürlich gibt es zwischen diesen beiden Extremen auch noch weitere Lösungen. Der Pedalrückschlag aber ist immer zu spüren, wenn der Schwingendrehpunkt nicht in unmit-

Hinterradfederung mit Drehpunkt direkt hinter Tretlager

Hinterradfederung mit Umlenkhebel

telbarer Nähe zum Tretlager liegt. Nicht uninteressant sind auch Federungssysteme für das Hinterrad, die über raffinierte Umlenkhebel am Federbein verfügen. Diese Lösung stammt aus dem Motocross-Bereich und erlaubt es, die Federung exakt auf die Erfordernisse abzustimmen. Leider wird dieses System durch die zusätzlich notwendige Hebelei und durch weitere Lagerstellen deutlich schwerer als ein System ohne Umlenkhebel.

Das Hauptaugenmerk der Konstrukteure liegt heute darauf, den Antrieb frei von Federungseinflüssen zu halten, um dem Biker unnötige Energieverluste zu ersparen sowie die Systeme leicht und wartungsfreundlich zu gestalten.

Bei Mountainbike-Wettbewerben, und hier vor allem bei Downhill-Rennen, zeigt sich auch immer stärker die Überlegenheit von Hydrauliksystemen. Elastomer-Federungen sind einfach nicht optimal auf die Bedürfnisse der Fahrer und die Anforderungen der Strecke abzustimmen.

Zum Thema Federweg wäre noch anzumerken, daß dieser hinten meist zwischen 50 und 70 Millimetern liegt. Längere Federwege sind nur sehr schwer zu realisieren, weil sich dann die Rahmengeometrie beim Einfedern zu stark verändert. Dies gilt auch und vor allem für die Federgabel vorn. Hier liegt der Federweg in etwa zwischen 35 und 60 Millimetern. Gerade die Federgabel vorn taucht beim Abbremsen oft tief ein; der Steuerwinkel wird steiler, der Radstand verkürzt sich, und das Bike läuft mit zunehmendem Federweg Gefahr, vor allem beim scharfen Abbremsen in Kurven unkontrollierbar zu werden.

Die Gabel

Das Wichtigste gleich vorneweg: Die starre Gabel ist noch lange nicht out und wird es wohl auch nie werden. Wenn dem Thema Federgabel hier ein so breiter Raum eingeräumt wird, dann nicht, weil Federgabeln das Maß aller Dinge sind, sondern weil ihre doch recht aufwendige Technik einfach mehr erläuternde Worte verlangt.

***links:* Gabel mit geschwungenen Gabelscheiden**

***Mitte:* Gabel mit geraden Gabelscheiden**

***rechts:* Switchblade-Gabel**

Die starre Gabel

Zuerst einige Anmerkungen zu starren Gabeln. Sie sind – je nach Konstruktion – teilweise alles andere als starr. Eine entsprechend konzipierte Gabel kann, vor allem in Verbindung mit voluminöser Bereifung und einem nicht zu hohen Luftdruck, schon einiges an Komfort bieten. Dies gilt vorwiegend für (geschwungene) Gabelscheiden, deren Wandstärke von oben nach unten zunehmend geringer wird. Wer sich dagegen für eine starre Gabel mit geraden Gabelscheiden entscheidet, sollte vor der ersten Fahrt seine Zahnfüllungen von einem Zahnarzt seines Vertrauens auf festen Sitz überprüfen lassen. Diese Gabeln sind tatsächlich so hart, wie sie aussehen. Verfechter der geraden Gabeln verweisen auf das unvergleichlich direkte Lenkverhalten, während die Kritiker diesen Sachverhalt gern im Reich der Fabeln und Märchen angesiedelt sehen.

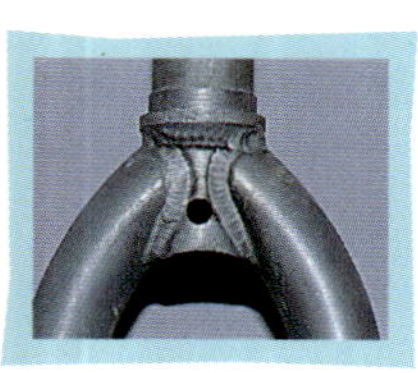

Stahlgabel in Unicrown-Bauweise verschweißt

Grundsätzlich wird bei den starren Gabeln zwischen drei Bauformen unterschieden. Zum ersten ist die bei Mountainbikes mit Abstand am weitesten verbreitete „Unicrown"-Bauweise zu nennen. Dabei werden die oben einwärts gebogenen Gabelscheiden mit dem Gabelschaftrohr verschweißt, was eine äußerst stabile Gabel ergibt. Aus dem Normalrad-Bereich kommt die zweite Version. Bei ihr werden die Gabelscheiden in einem meist aus Feinguß bestehenden Gabelkopf verlötet. Diese Version konnte sich im Mountainbike-Bereich nicht so durchsetzen. Bei der dritten Variante, der sogenannten „Switchblade"-Gabel, werden die (geraden) Gabelscheiden im Gabelkopf mittels einer großflächigen Klemmung verschraubt. Dadurch können die Gabelscheiden bei Bedarf ausgewechselt werden. Dies ergibt ebenfalls äußerst robuste Gabeln und erfordert aufgrund der geraden Gabelscheiden einen entsprechend robusten Fahrer. Für alle starren Gabeln gilt: Wenn das Loch im Gabelkopf beim Mountainbike auch nicht für die Bremsenmontage benötigt wird, so sollte es trotzdem zur Montage von Schutzblechen und/oder einem Gepäckträger vorhanden sein. Daß die Ausfallenden, genau wie hinten, ebenfalls geschmiedet und sauber eingelötet sein müssen, dürfte klar sein. Billige Blechteile oder gar zusammengequetschte und mit einem Schlitz versehene Gabelscheiden haben auch am billigsten Mountainbike nichts zu suchen.

Die Federgabel

Das Gewicht einer hochwertigen starren Gabel liegt deutlich unter 700 Gramm. Eine Federgabel dagegen gilt schon mit 1100 Gramm als Leichtgewicht, wobei die meisten Modelle irgendwo zwischen 1200 und 1500 Gramm liegen. Damit sind wir bei den Federgabeln angelangt. Das höhere Gewicht einer Federgabel macht sich nicht nur am Berg bemerkbar, sondern auch beim Lenkverhalten, das insgesamt etwas träger wird. Durch ein besonders leichtes Laufrad kann das höhere Gewicht der Federgabel aber teilweise ausgeglichen und das Lenkverhalten wieder spontaner gestaltet werden. Daß eine Federung durchaus auch ihre Vorzüge hat, wurde bereits im Zusammenhang mit den verschiedenen Hinterbausystemen erläutert. Die Vor- und Nachteile des Elastomer- und Hydraulik-Prinzips, wie oben bereits beschrieben, gelten natürlich auch für die Federgabeln vorn.

Am weitesten verbreitet sind Teleskop-Federgabeln, wie man sie von Motorrädern her kennt. Nur daß die Federung, mit Ausnahme von einigen „low-budget-Gabeln“, nicht von Spiralfedern aus Stahl, sondern von einem Luftpolster übernommen wird. Stahlfedern machen die Gabeln fürs Bike recht schwer und kommen deshalb nur für einfachste Einsteigermodelle in Frage. Während Elastomer-Gabeln mit dem Problem der mangelhaften Dämpfung kämpfen müssen, haben hydraulisch gedämpfte Gabeln, die über besagtes Luftkissen federn, Probleme mit dem Ansprechverhalten. Das federnde Luftkissen muß nämlich über entsprechend stramm sitzende Dichtringe in der Gabel gehalten werden. Das Losbrechmoment dieser Gabeln ist deshalb recht hoch, weil zuerst einmal der Widerstand der Dichtringe überwunden sein will. Elastomer-Gabeln brauchen dagegen solch stramm sitzende Dichtungen nicht und sprechen deshalb sehr feinfühlig auf Bodenunebenheiten an. Die Konstrukteure versuchen daher, die Vorteile beider Systeme miteinander zu verbinden. Sie überlassen die Federung Elastomeren und erhalten dadurch ein hervorragendes

Eine Federgabel hält das Vorderrad auch auf holprigem Untergrund sicher am Boden. Sie schont damit die Arme des Fahrers und erhöht die übertragbaren Bremskräfte

links: Ein „Brake Booster" erhöht die Verdrehsteifigkeit einer Federgabel

rechts: Federgabeln, bei denen die Federung oben sitzt, haben keinerlei Probleme mit sich verdrehenden Gabelscheiden

Ansprechverhalten, während die Dämpfung von einem in die Federgabel integrierten, in sich gekapselten Öl-Dämpfer übernommen wird. Im High-End-Bereich der Federgabeln wird sich dieses kombinierte System sicherlich durchsetzen.

Leider läßt die Verdrehsteifigkeit so mancher Teleskop-Federgabel etwas zu wünschen übrig. Bemerkbar macht sich das vor allem beim langsamen Durchfahren von Längsrillen, wo einfache Teleskopgabeln den Eindruck erwecken, partout nicht mehr aus der Rille heraus zu wollen. Im Wiegetritt streifen die Bremsschuhe gelegentlich an der Felge, und beim Bremsen haben die Tauchrohre zudem noch den Drang, sich nach außen zu drehen. Durch die Montage eines „Brake Boosters", der die beiden Anlötteile für die Cantilever-Bremsen starr miteinander verbindet und die Federgabel etwas versteift, können diese Probleme aber nahezu vollständig beseitigt werden. Der mangelhaften Verdrehsteifigkeit versuchen die Konstrukteure inzwischen auch mit speziellen Vorderradnaben beizukommen. Durch eine besonders großflächige Verbindung zwischen Nabe und Tauchrohren wird die Verdrehsteifigkeit deutlich verbessert. Parallelogramm-Federgabeln, bei denen der Federmechanismus oben zwischen Gabelkopf und Steuersatz sitzt, oder Federungssysteme, die elegant im Steuerrohr untergebracht sind, haben diese Probleme nicht. Bei ihnen sind beide Gabelscheiden starr miteinander verbunden und kennen keine mangelnde Verdrehsteifigkeit.

Bevor man sich also für eine Federgabel entscheidet, sollte man die Vor- und Nachteile sorgfältig gegeneinander abwägen. Vor allem sollte man sich im klaren darüber sein, daß sie das Bike in jedem Fall schwerer und auch etwas wartungsintensiver macht.

Bei der Montage einer Federgabel ergibt sich noch ein weiteres Problem. Weil der zur Verfügung stehende Federweg irgendwo untergebracht werden muß, wird der Rahmen vorne entsprechend angehoben. Dadurch wird der Lenkkopfwinkel flacher, das Bike wird träger, und das früher so geschätzte agile Fahrverhalten ist dahin. In gewissen Grenzen läßt sich das aber korrigieren. Durch einen schmaleren Vorderradreifen, der als Nebeneffekt einen geringeren Durchmesser aufweist, wird die Frontpartie wieder etwas abgesenkt. Durch einen besonders fetten und dadurch im Durchmesser größeren hinteren Reifen wird das Heck angehoben und die ursprüngliche Rahmengeometrie fast wiederhergestellt. Als Vorteil kommt noch dazu, daß der schmale Vorderradreifen dank der Federung mit einem höheren Luftdruck gefahren werden kann. Dadurch sinkt der Rollwiderstand. Einige Hersteller bieten ihre mit starren Gabeln ausgestatteten Mountainbikes inzwischen mit spezieller Federgabel-Geometrie an. Die verwendete starre Gabel hat dabei ungewöhnlich viel Luft zwischen Reifen und Gabelschaftrohr. Wird diese starre Gabel später gegen eine Federgabel ausgetauscht, verändert sich die Geometrie also kaum oder gar nicht mehr.

Die Ausstattung

Wie schon anfangs erwähnt, wird allenfalls der Rahmen vom Radhersteller selbst gefertigt. Die Ausstattung wird fast ausnahmslos bei Zulieferfirmen eingekauft. Um all die Teile, die aus einem Rahmen erst ein vollwertiges Mountainbike machen, soll es jetzt gehen.

Vorbau

Vorbauten sind in den unterschiedlichsten Längen und Winkeln erhältlich

Vorbauten sind die einzigen Teile, die ab und zu vom Rahmenbauer selbst gefertigt werden. Als Bindeglied zwischen Fahrer und Rahmen spielt der Vorbau eine wichtige Rolle in bezug auf das Lenkverhalten, und auch die Sitzposition wird durch ihn wesentlich beeinflußt. Je steiler und kürzer der Vorbau ist, desto aufrechter wird die Sitzposition. Ein flacher und langer Vorbau dagegen ergibt eine langgestreckte, sportliche Sitzposition. Der Winkel liegt in der Regel zwischen 3 Grad und 15 Grad und die Länge meist zwischen 110 und 150 Millimeter. Natürlich sollte die gewünschte Sitzposition über einen entsprechenden Rahmen erreicht werden

links:
Ist eine starre Gabel mit Federgabelgeometrie montiert, kann später ohne Probleme eine Federgabel nachgerüstet werden

Bremszugabstützung am Steuersatz

und nicht mit einem bizarren Vorbau. Mit dem Vorbau wird nur noch die Feinabstimmung vorgenommen. Je höher der Vorbau wird, desto schlechter wird auch die Steigfähigkeit des Bikes, weil zu wenig Gewicht aufs Vorderrad gebracht wird. Downhiller dagegen fürchten allzu flache Vorbauten. Durch die tiefe Sitzposition laufen sie an steilen Abfahrten Gefahr, bei der kleinsten Bodenunebenheit vom Bike katapultiert zu werden.

Zweifingervorbauten, wie sie in den Pioniertagen des Mountainbikes weit verbreitet waren, sind heute praktisch nicht mehr zu finden. Einfingervorbauten sind leichter, und niemand kann sich – gerade in Verbindung mit den modernen, kürzeren Rahmen – an ihnen im Wiegetritt mehr die Knie stoßen. Dasselbe gilt für die verschweißten Lenker-/Vorbaueinheiten, bei denen der Lenker nicht verstellt werden konnte. Auch sie sind völlig von der Bildfläche verschwunden. Moderne Einfingervorbauten für Mountainbikes werden häufig aus Stahl geschweißt. Dies ergibt Vorbauten, die zwar nicht extrem leicht, aber dafür kaum kaputt zu kriegen sind. Wer sein Bike hart beansprucht, sollte beim Lenker und Vorbau auf jeden Fall auf solide Stahlversionen setzen. Die paar Gramm Mehrgewicht gegenüber einem Ultraleicht-Vorbau und -Lenker sind die enorme Sicherheitsreserve, die Cromoly-Stahl bietet, allemal wert. Der Leichtbau-Freak wird natürlich begeistert nach den Alu- oder gar Titan-Versionen greifen. Alu-Vorbauten werden immer beliebter, sind sie doch leicht und bei entsprechender Konstruktion ebenfalls recht hart im Nehmen. Titan-Vorbauten ergeben dagegen – im Gegensatz zu Alu- und Stahl-Versionen – viel Komfort durch ihre überragende Elastizität. Teilweise wird am Vorbau auch der Bowdenzug für die vordere Bremse abgestützt; Vorteil: Stabiler kann die Bremszugabstützung nicht sein, Nachteil: Wenn der Vorbau in der Höhe verstellt werden soll, muß die Bremse neu eingestellt werden.

Klassischer Vorbau

Aheadset-Vorbau

Der Vorbau wird mittels eines Klemmkeils, der durch das Anziehen der Vorbauschraube nach oben gezogen wird, im Gabelschaftrohr verkeilt. Um eine sichere Verbindung von Gabel und Vorbau zu gewährleisten, muß der Vorbau mindestens 60 Millimeter tief im Gabelschaftrohr stecken. Zur Demontage des Vorbaus muß der Keil meist durch einen leichten Schlag auf die zuvor gelöste Klemmschraube gelockert werden. Anders sieht der Fall bei den Vorbauten für Aheadset-Steuersätze aus. Darüber erfahren Sie aber später im Zusammenhang mit dem Aheadset-Steuersatz mehr.

Über Elastomer-Puffer abgefederter Vorbau

Gefederter Vorbau oder Federgabel?

So manch einer fragt sich, ob ein gefederter Vorbau nicht eine preiswerte Alternative zu einer Federgabel darstellt. Die Antwort lautet ganz eindeutig „jein". Ja für all diejenigen, die für ihre Alltagsfahrten mehr Komfort suchen und dabei die Nachteile eines gefederten Vorbaus gerne in Kauf nehmen. Nein für all diejenigen, die sportlich unterwegs sind und auf ihren Downhill-Fahrten wertvolle Sekunden gewinnen möchten. Mit Elastomer-Puffern versehene Vorbauten sind zwar in der Lage, Stöße auf Arme und Handgelenke zu mildern, das Vorderrad aber bleibt nach wie vor ungefedert. Wer also sportlich schnell unterwegs ist, wird von einem gefederten Vorbau enttäuscht sein. Zumal solche Vorbauten manchmal etwas schwammig wirken und dann das direkte Lenkverhalten eines Sport-Bikes verwässern.

Lenker

Auch die Lenker werden immer leichter. Hier aber allzu leichtes Material zu verbauen, ist alles andere als ratsam. Lenkerbrüche führen fast immer zu üblen Stürzen. Deshalb sollten Sie bei der Brems- und Schaltgriff-Montage auch peinlichst darauf achten, den Lenker nicht zu zerkratzen. Denn Kratzer sind, vor allem bei dünnwandigen Rohren, immer Sollbruchstellen. Lenker aus Cromoly-Stahlrohr befinden sich auf dem Rückzug. Für denjenigen, der sein Bike hart rannimmt, sind sie aber immer noch erste Wahl. Alu-Lenker sind inzwischen weit verbreitet und halten den Anforderungen – sorgfältige Konstruktion und Fertigung vorausgesetzt – ebenfalls stand. Vor allem durch spezielle Verstärkungsprofile innen sind Alu-Lenker mit geringer Wandstärke möglich und deshalb auch sehr leicht geworden.

High-Tech-Materialien

Natürlich dürfen die High-Tech-Materialien Titan und Carbon im Lenkerbau nicht fehlen. Ein Titan-Lenker kann aber, vor allem in Verbindung mit einem Titan-Vorbau, aufgrund seiner überragenden Elastizität leicht ein zu schwammiges Lenkgefühl vermitteln. Carbon-Lenker sind leicht und steif, können aber bei der Montage von Lenkerendhörnchen Schwierigkeiten machen, weil das spröde Material nicht immer eine ausreichend feste Klemmung zuläßt.

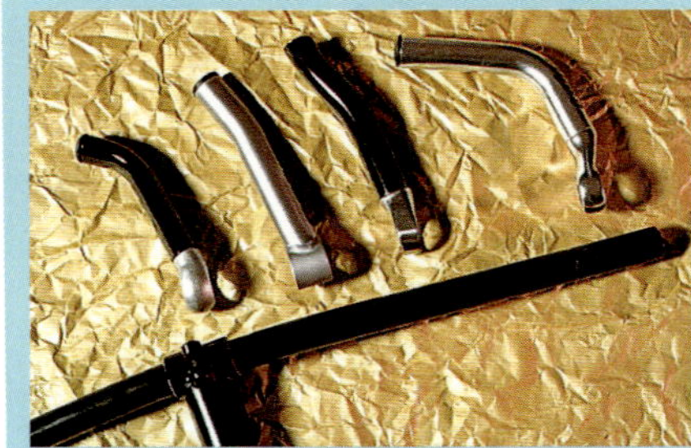

***oben:* Gerader Lenker mit verschiedenen „Barends"**

***unten:* Integrallenker bieten bereits serienmäßig diverse Griffmöglichkeiten**

***rechts:* Ergonomisch optimal gestaltetes Griffgummi**

Wem es nicht aufs letzte Gramm Gewicht ankommt, der sollte beim Lenker lieber auf Nummer Sicher gehen und einen soliden Alu- oder Cromoly-Lenker montieren.

Neben den geraden Stangen, deren Enden meist zwischen 3 Grad und 10 Grad nach hinten gekröpft sind, werden Lenker mit mehreren Griffpositionen immer beliebter. Weil früher oder später ohnehin die meisten Lenker mit „Barends" oder sogenannten Lenkerendhörnchen versehen werden, bieten viele Hersteller auch Lenker an, die von Anfang an zwei, drei oder gar vier verschiedene Griffpositionen ermöglichen. Solche Integrallenker sind meist sogar leichter als ein vergleichbarer gerader Lenker mit „Barends", mit den zusätzlichen Vorteilen, daß diese sich nicht mehr verdrehen oder den teuren Leichtbaulenker zerquetschen können und daß keine scharfen Kanten durch die Klemmvorrichtung mehr entstehen. Wer sportlich fährt, sollte aber darauf achten, daß solche Integrallenker im Bereich der Schalt- und Bremsgriffe möglichst gerade verlaufen. Beginnt der Bogen nämlich zu weit innen, finden die Handflächen vor allem auf holprigen Abfahrten keinen optimalen Halt und schmerzen zudem recht schnell. Dasselbe passiert auch, wenn die Lenkergriffe nichts taugen. Ballenförmige, sechseckige Griffe sind optimal, weil sie exakt zur menschlichen Hand passen. Sie dürfen weder zu hart noch zu weich sein, und ihre Oberfläche sollte möglichst rauh sein.

Steuersatz

Der Steuersatz, auch Lenkkopflager genannt, verbindet Gabel und Rahmen miteinander. Beim Mountainbike ist der Steuersatz ein besonders stark belastetes Teil. Neben der Drehbewegung, die für ein Lager keine sonderlich hohe Belastung darstellt, muß er ständig die übelsten Schläge einstecken. Je holpriger der Weg ist und je härter der Biker sein Rad rannimmt, desto schlechter ergeht es dem Steuersatz. Herkömmliche Steuersätze aus dem Normalrad-Bereich sind da schnell am Ende. Die Kugeln drücken sich durch die ständigen Schläge in die Laufbahn ein, und das Lager ist hinüber. Bei „Oversized“-Rahmen wurde natürlich auch das Steuerrohr und damit auch der Steuersatz im Durchmesser größer. Dadurch verteilt sich die Belastung auf mehr Kugeln, so daß die Lager robuster werden.

Nochmals deutlich härter im Nehmen sind Schrägrollenlager. Bei ihnen werden die Stöße nicht punktförmig übertragen, sondern über schräg gestellte Rollen. Die auftretenden Kräfte werden so auf eine wesentlich größere Fläche verteilt. Schrägrollenlager laufen nicht ganz so leicht wie Kugellager; in der Praxis fällt das aber kaum nachteilig auf. Auch Steuersätze, ausgestattet mit abgedichteten Industrie-Rillenkugellagern, findet man immer häufiger. Sie sind völlig wartungsfrei und haben eine lange Lebensdauer.

Abdichtung und Einstellung

Äußerst wichtig ist auch eine gute Abdichtung. Kommt Schmutz mit ins Spiel, ist auch der beste Steuersatz in kürzester Zeit ruiniert. Zur Not kann man sich hier mit einem abgeschnittenen Stück Fahrradschlauch behelfen, den man über den Steuersatz zieht. Eleganter geht es mit einem speziellen Überzieher, wie er als Zubehör angeboten wird. Besser ist natürlich ein bereits von Haus aus sorgfältig gedichtetes Lager. Wer einen neuen Steuersatz montiert bzw. wer beim Neukauf die Möglichkeit hat, ein entsprechendes Modell zu wählen, der sollte auf die Konterung achten. Während die meisten Steuersätze über eine große Mutter gekontert werden, für die ein riesiger Gabelschlüssel notwendig ist, gibt es auch Modelle, die mit einem winzigen Innensechskant-Schlüssel gesichert werden. So kann ein lockerer Steuersatz auch unterwegs problemlos nachgestellt werden. Der benötigte Innensechskant-Schlüssel gehört ohnehin zum Bordwerkzeug, während wohl niemand einen Gabelschlüssel mit auf Tour nehmen möchte. Die exakte Einstellung des Steuersatzes ist gerade beim Mountainbike sehr wichtig. Durch die harten Schläge wird ein lockeres Lager in kürzester Zeit ruiniert. Noch ein beachtenswertes Detail: Bei manchen Steuersätzen können die Laufbahnen samt Kugeln bzw. Schrägrollen ausgetauscht werden, ohne daß die fest mit Rahmen und Gabel verbundenen Teile demontiert

Hochwertiger Steuersatz in klassischer Bauweise

Steuersatz nach dem „Aheadset"-Prinzip

„Aheadset"-Steuersatz (oben) und klassischer Steuersatz (unten) im Vergleich

Beim „Aheadset"-Steuersatz wird der Vorbau mittels einer seitlich angebrachten Klemmschraube fixiert

werden müssen. So kann ein verschlissener Steuersatz einfach und ohne Spezialwerkzeug überholt werden.

Neben der herkömmlichen Lösung, bei der das Lagerspiel mit einer Mutter, die auf einem Gewinde des Gabelschaftrohres läuft, eingestellt wird, gibt es noch eine weitere Variante: den genialen „Aheadset"-Steuersatz. Unten ist er gleich aufgebaut wie ein herkömmliches Lager, oben dagegen völlig neuartig. Das Gabelschaftrohr hat beim „Aheadset"-Steuersatz kein Gewinde mehr, sondern ist völlig glatt. Die obere Lagerschale und der spezielle Lenkervorbau werden einfach auf das glatte Gabelschaftrohr geschoben. Der Vorbau drückt dabei auf die obere Lagerschale. Das Spiel des Steuersatzes kann durch das Anziehen der oberen Vorbau-Schraube, die durch eine Kralle im Gabelschaftrohr fixiert wird und den Vorbau nach unten schiebt, gefühlvoll eingestellt werden. Anschließend wird der Vorbau durch eine oder zwei seitliche Schrauben mit dem Gabelschaftrohr verklemmt. Ein kleiner Innensechskant-Schlüssel reicht also völlig aus.

Weitere Vorteile: Der Vorbau ist bombenfest mit der Gabel verbunden, das Ganze ist leichter als die herkömmliche Kombination Vorbau/Gabel/Steuersatz, und der Vorbau kann auch umgekehrt montiert werden. Dadurch läßt sich eine andere Sitzposition realisieren. Nachteil: Wer auf das „Aheadset"-Lager umrüsten möchte, muß tief in die Tasche greifen, weil eine neue Gabel, ein neuer Vorbau und das Lager selbst nötig sind. Zudem kann der Vorbau, abgesehen von der Möglichkeit, ihn umzudrehen, nicht mehr wie bisher in der Höhe verstellt werden.

Das Laufrad

Hauptmerkmal eines Mountainbikes sind seine Laufräder mit einem Durchmesser von 26 Zoll. Dieser ergibt ein sehr stabiles Laufrad, weil die Speichen deutlich kürzer ausfallen als bei einem 28-Zoll-Laufrad. Dank der voluminösen Bereifung – die Ballonreifen der dreißiger Jahre lassen grüßen – dämpft solch ein Laufrad Fahrbahnstöße hervorragend ab und sorgt zudem für hohe Pannensicherheit. Der Raddurchmesser eines Mountainbikes – je größer das Laufrad, desto geringer wird der Rollwiderstand – ist, verglichen mit einem Trekkingbike oder einem Normalrad, gegenüber diesen aufgrund der voluminösen Bereifung nur um etwa zwei bis fünf Zentimeter geringer.

Felgen

Beginnen wir mit der Felge. Auf ihr baut die Qualität eines Laufrades auf. Eine schwache Felge kann auch durch die besten Speichen nicht kompensiert werden. Deshalb verbieten sich im Bike-Bereich allzu schmale Felgen und solche mit einem reinen U-Profil ganz von allein. Eine Mountainbike-Felge muß extrem verwindungssteif sein, um das Gerüttel und Geholper über Stock und Stein auszuhalten. Deshalb werden nahezu ausschließlich Hohlkammerfelgen verwendet. Durch einen in die Felge integrierten Hohlraum sind sie herkömmlichen U-Profil-Felgen haushoch überlegen. Daß nur hochwertiges Aluminium zum Einsatz kommt, versteht sich von selbst. Stahlfelgen haben an Mountainbikes nichts verloren. Mountainbike-Felgen sind in den letzten Jahren immer schmaler geworden, eine Notwendigkeit auf dem Weg hin zu immer leichteren Bikes.

Wer sein Mountainbike aber stark beansprucht und kein Risiko eingehen möchte, sollte eine mindestens 26 Millimeter breite Felge fahren. Die paar Gramm Mehrgewicht gegenüber einer schmalen Felge werden durch die verbesserten Nehmerqualitäten einer breiteren mehr als wettgemacht.

Wenn man mit einem „Achter“ oder gar mit einem völlig zusammengebrochenen Laufrad irgendwo weitab der nächsten Telefonzelle steht, machen die gesparten 100 Gramm wenig Freude. Leichtbaufanatiker, die ihr Bike enstprechend vorsichtig bewegen, verwenden gerne Felgen mit einer Breite von etwa 20 Millimetern. Wird das Gelände ruppig, bewegen sie sich sicherlich im Grenzbereich. Weiterer Nachteil: Breite Reifen finden auf schmalen Felgen keinen optimalen Halt. Leichtgewichtige Biker dagegen, die ihr Mountainbike zudem nicht ständig am Limit bewegen, dürften in der Mitte zwischen den beiden Extremen ganz gut liegen.

Hochwertige Felgen sind an den Speichenlöchern oft mit Edelstahleinsätzen versehen. Dadurch dreht sich der

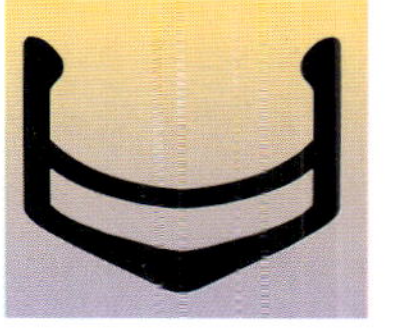

Hohlkammerfelgen sind wesentlich stabiler als herkömmliche U-Profil-Felgen

links: Mountainbike-Felgen gibt es in verschiedenen Abmessungen und unterschiedlichen Qualitäten

Speichennippel beim Zentrieren leichter in der Felge, und diese Arbeit geht müheloser vonstatten. Kleiner Nachteil: Das spätere Recycling der Felgen wird dadurch erschwert, wenn nicht gar verhindert. Als Schutz gegen das Ausreißen der Speichenlöcher sind sie bei modernen Mountainbike-Felgen ohnehin nicht mehr notwendig. Ein großes Plus können keramikbeschichtete Felgen für sich verbuchen. Sie zeigen kaum Verschleiß an der Bremsfläche und verbessern das Naß-Bremsverhalten beträchtlich. Vielfahrer haben nach 10 000 oder 20 000 Kilometern oft die Felgenflanken völlig durchgeschliffen. In Verbindung mit Sand und Feuchtigkeit schmirgeln die Bremsschuhe permanent an der Felge, bis diese schlichtweg zusammenklappt. Hier kann sich der Mehrpreis der Keramikbeschichtung schnell bezahlt machen.

Carbonlaufräder

Am Anfang ihrer Karriere im Mountainbike-Bereich stehen die Carbonlaufräder. Durch ihr massives Drei- oder Vierspeichen-Design sind sie knallhart und völlig wartungsfrei (weil dünne, federnde Speichen fehlen). Sie sind nicht leichter als herkömmliche Speichenräder, dafür aber deutlich seitensteifer. In Verbindung mit Vollfederbikes sicherlich eine Alternative; ohne Federung sind sie schlichtweg zu hart.

Carbonlaufräder sind aufgrund ihrer Härte nur in Verbindung mit einer Federgabel zu empfehlen

Bereifung

Was wäre das Mountainbike ohne seine eindrucksvolle Bereifung. Die dicken Reifen zeigen stolz, woran es unseren Politikern so sehr mangelt: ein ausgeprägtes Profil! Vielleicht eine weitere Erklärung für den sagenhaften Erfolg der „Fat-Tire-Bikes“, wie Mountainbikes in den USA genannt werden. Als der irische Tierarzt John Dunlop vor über hundert Jahren die herrlich federnden Eigenschaften eines prall aufgeblasenen Gartenschlauches entdeckte und diesen, einer genialen Eingebung folgend, um eine Fahrradfelge wickelte, konnte er nicht wissen, welch ungeahnte Möglichkeiten dies den Mountainbikern später eröffnen sollte.

Mountainbike-Reifen gibt es in zahlreichen Profil- und Farbvarianten

Wie fast überall im Leben, so ist auch in Sachen Mountainbike-Bereifung das Ei des Kolumbus noch lange nicht in Sicht. Der Reifen soll im Gelände optimal greifen, auf der Straße widerstandsarm rollen, Fahrbahnstöße gut dämpfen und dazu auch noch möglichst leicht sein. Vielleicht läßt sich das alles in ferner Zukunft einmal unter einen Hut bringen. Aber genausowenig wie bislang die eierlegende Wollmilchsau von den Bauern auf die Weiden getrieben wird, werden in absehbarer Zeit Mountainbiker geräuschlos über die Highways in Richtung Berge rollen, um dann mit unglaublichem Grip die steilsten und schlammigsten Pfade zu bezwingen.

Vom groben Stollenreifen über den Reifen mit Mittelsteg bis zum leichtlaufenden Slick: Alles ist möglich

Immer häufiger kommen am Vorderrad speziell konzipierte Reifen zum Einsatz

Wer auf den absoluten Grip im Gelände verzichten kann, montiert am besten Reifen mit einer durchgehenden Mittelrille oder gleich Slicks und ist damit den ihn scheinbar permanent verfolgenden Hornissenschwarm los. Zudem rollt solch ein Reifen natürlich leichter auf befestigten Wegen und Straßen. Wer mit seinem Bike aber auf kleinen Pfaden und Wegen noch eine gute Traktion verlangt, wird sich mit dem Surren der grobstolligen Reifen auf Asphalt arrangieren müssen. Wer sein Mountainbike im Sinne des Erfinders einsetzt, wird in jedem Fall auf Stollenreifen setzen. Die seitlich weit heruntergezogenen Stollen bringen Grip und damit Sicherheit bei schneller Kurvenfahrt oder bei Fahrten schräg am Hang, und das Profil in der Mitte garantiert – richtig dimensioniert und proportioniert – die Steigfähigkeit, die man von seinem Bike erwartet. Sind die Stollen überlegt angeordnet, dann überlappen sie sich teilweise und erlauben so ein gutes Abrollverhalten auch auf Asphalt, ohne sich im Gelände gleich mit Matsch zuzusetzen. Der Selbstreinigungseffekt wird durch V-förmig ausgeformte Stollen noch unterstützt.

Der Übergang von den Stollen in der Mitte des Reifens zu den seitlichen hin sollte fließend sein, sonst fährt es sich allzu kippelig. Ebenso wichtig ist die richtige Gummimischung.
Weiche Stollen verkrallen sich zwar optimal auf Fels, verschleißen dafür aber schnell und neigen vor allem bei schnel-

ler Kurvenfahrt zum Wegkippen. Harte Stollen dagegen halten länger und schlucken weniger Antriebsenergie, weil sie weniger stark walken. Bunte Reifen sind übrigens immer recht weich, weil sie ohne Ruß, der jede Farbe schlucken würde, auskommen müssen. Ruß aber macht Reifen nicht nur pechschwarz, sondern auch härter und damit abriebfester.

War es bislang üblich, hinten und vorne das gleiche Reifenprofil zu fahren, so zeichnet sich auch hier ein neuer Trend ab. Immer häufiger werden Reifen speziell für den Einsatz auf dem Vorder- bzw. Hinterrad konzipiert. Logisch: Die Anforderungen sind ja recht verschieden. Während hinten optimale Traktion gefordert wird, die am besten mit quer gestellten Profilblöcken erreicht wird, muß der Reifen vorne in Kurven enorme Seitenkräfte übertragen und beim Bremsen den größten Teil der auftretenden Kräfte sicher auf den Boden bringen; ein leichtfüßiges Lenkverhalten wird außerdem noch erwartet. Auch in bezug auf die Reifenbreite gibt es eine große Bandbreite: vom 1,5 Zoll (ca. 38 mm) schmalen, aalglatten Slick bis zum 2,5 Zoll (ca. 63 mm) breiten stollenbewehrten Traktionswunder reicht hier die Palette.

Wer vorn eine Federgabel fährt, wird einen relativ schmalen Reifen wählen, während der Biker mit der starren Gabel auf die hervorragende Dämpfung eines breiten Reifens setzt.

Beim Mountainbike kommen übrigens ausschließlich Normalreifen zum Einsatz. Das heißt, der Reifen ist mit zwei umlaufenden Drähten (bei faltbaren Reifen durch Kevlarfäden ersetzt) ausgestattet, die sich durch den Luftdruck in entsprechenden Ausformungen der Felge verkrallen und dadurch einen optimalen Halt gewährleisten. Der Reifen selbst ist nicht luftdicht. Die Luft wird vom Schlauch gehalten, der zwischen Felge und Reifen liegt. Bei den Schläuchen werden meist zwei verschiedene Ventilarten eingesetzt. Zum einen sind

Auf der Reifenflanke ist die Reifengröße angegeben (links)

Mountainbike-Reifen mit Schrader-Ventil (rechts)

es die vom Auto her bekannten Schrader-Ventile. Sie haben den Vorteil, daß der Biker an jeder Tankstelle „nachladen" kann. Für schmale Felgen aber ist das Schrader-Ventil im Durchmesser zu groß. Deshalb findet man bei neueren Bikes immer häufiger das schlankere Sclaverand-Ventil. Damit kann der Biker nicht mehr an die Tankstelle zum Aufpumpen fahren, sondern muß selbst Hand anlegen; dafür geht's aber auch leichter als bei einem Auto-Ventil. An Billig-Bikes finden sich ab und an auch Blitzventile, wie man sie vom Normalradbereich her kennt. Der vom jeweiligen Reifenhersteller empfohlene Luftdruck ist auf der Reifenflanke angegeben, in Europa üblicherweise in Bar. In Übersee aber wird der Luftdruck in „pounds per square inch", kurz PSI genannt, angegeben. Mit dem Faktor 0,07 multipliziert, erhalten Sie den entsprechenden Wert in Bar. Als Richtwert können folgende Werte gelten: Stollenreifen werden in wechselndem Gelände mit knapp 4 bar gefahren; wird der Untergrund weich und/oder extrem holprig, geht man auf etwa 2 bar herunter, um die Traktion und das Dämpfungsverhalten zu verbessern.

Bei reinem Straßeneinsatz, oder wenn gar Slicks auf der Felge aufgezogen sind, können Sie den Luftdruck bis auf 5 oder 6 bar erhöhen und dadurch den Rollwiderstand deutlich senken.

Maßangaben für Reifen

Nach wie vor verwirrend sind die Maßangaben für die Reifenbreite. Zoll-Maße stehen hier nach wie vor neben metrischen. Ein Reifen mit der Bezeichnung 26x2.125 hat einen Durchmesser von 26 Zoll – gemessen wird der Reifenaußendurchmesser – bei einer Breite von 2.125 Zoll. Die Reifengröße nach DIN 7800 dagegen wird in Millimetern angegeben und würde im obigen Falle 57-559 lauten. Die Zahl 57 gibt dabei die größte Breite des Reifens in Millimetern an, während die Zahl 559 für den Außendurchmesser der Felge (nicht des Reifens wie bei der Zoll-Angabe) steht.

Naben

Wenn es um die Qualität von Laufrädern geht, dreht sich alles um die Naben und das im wahrsten Sinne des Wortes. Gute Naben sollen leicht laufen, jede Menge Schläge einstecken können, den Schmutz draußen und das Fett drinnen lassen und möglichst auch noch federleicht und erschwinglich sein. Moderne Naben sind in der Lage, fast alle diese Anforderungen perfekt zu erfüllen, nur billig können sie dann nicht mehr sein. Naben mit bestens gedichteten Industrie-Rillenkugellagern sind belastbar, wartungsfrei und sehr haltbar. Die genormten Rillenkugellager werden in den Nabenkörper eingepreßt und bedürfen keiner Einstellung. Wenn sie verschlissen sind, können sie für relativ wenig Geld ausgetauscht werden.

***links:* Vorderradnabe in Konusbauweise**

***oben:* Vorder- und Hinterradnabe in Konusbauweise für gekröpfte Speichen**

***Mitte:* Vorder- und Hinterradnabe in Konusbauweise für gerade Speichen**

Konuslager dagegen müssen exakt eingestellt werden. Die Kugeln laufen hier auf beiden Seiten der Nabe jeweils zwischen einer in den Nabenkörper integrierten Lauffläche und den sogenannten Konen. Diese Konen können über ein Gewinde auf der Radachse verstellt werden. So wird das Lagerspiel eingestellt. Bei guten Naben werden Schmutz und Feuchtigkeit durch ein ausgeklügeltes Dichtsystem am Eindringen gehindert und die Wartungsintervalle dadurch verlängert. In regelmäßigen Abständen aber müssen alle Konuslager, egal ob Billig- oder Hochwertausführung, zerlegt, gereinigt, neu gefettet und justiert werden. Einige kleine Hersteller bieten Naben an, die mit einem Schmiernippel versehen sind. So kann in regelmäßigen Abständen altes, verschmutztes Fett problemlos und schnell durch neues ersetzt werden.

Für den Nabenkörper wird, ganz gleich ob Konus- oder Industrielager zum Einsatz kommen, meist Aluminium verwendet. Entweder wird er aus dem Vollen gedreht oder geschmiedet. Beim Schmieden wird das Material unter Druck verdichtet und gleichzeitig in die gewünschte Form gebracht. Teilweise wird Aluminium auch schon gemeinsam mit Carbon verarbeitet, um das Gewicht noch weiter herabzusetzen.

Federgabelnaben

Bei Vorderradnaben, die speziell für Federgabeln konzipiert sind, ist der Nabenkörper entsprechend üppiger dimensioniert. Eine derart angepaßte Vorderradnabe kann nicht nur das unerwünschte Verdrehen der Gabeltauchrohre verhindern, sondern ist umgekehrt

Kassettennabe mit in die Nabe integriertem Freilauf

links: Hinterradnabe mit Konuslagerung

rechts: Vorderradnabe mit Hohlachse und Schnellspanner

auch in der Lage, die wesentlich höheren Querbelastungen durch die Federgabel klaglos zu schlucken. Am Hinterrad kommen fast nur noch Kassettennaben zum Einsatz. Der Freilauf ist dabei in die Nabe integriert, der Zahnkranz wird nur noch aufgesteckt und gesichert. Vorteil: Die Lager können so weit wie möglich außen plaziert werden, wodurch Achsbrüche praktisch der Vergangenheit angehören. Bei den allmählich aussterbenden Schraubkranznaben dagegen ist der Freilauf im Zahnkranz integriert und wird als komplette Einheit auf die Nabe geschraubt. Dadurch ist das zahnkranzseitige Lager recht weit vom Ausfallende entfernt und die Achse entsprechend stark auf Biegung belastet. Im Extremfall quittiert die geschundene Achse den Dienst und bricht.

Vollachse oder Hohlachse

Wenn es um die Bruchgefahr bei Radachsen geht, beginnt meist auch die Diskussion, ob nun Vollachsen oder Hohlachsen stabiler seien. Tatsache ist, daß inzwischen fast ausschließlich Hohlachsen verwendet werden, weil nur sie die Verwendung von Schnellspannern zur Fixierung der Laufräder im Rahmen erlauben. Tatsache ist auch, daß Achsbrüche kaum noch vorkommen. Zudem sind Hohlachsen leichter und dabei – alter Statikertrick: durch die Schnellspanner unter Druck gesetzt – trotzdem so stabil oder gar stabiler als massive Achsen. In aller Regel kommen Achsen aus Stahl zum Einsatz, und Aluminiumachsen sind ebenfalls zu haben. Aber auch hier gilt: wer sein Bike hart beansprucht, fährt sicherer mit Stahl.

Mehr Sicherheit gegenüber Speichenbrüchen bietet eine neue Naben-Generation. Hier sitzen die Speichenlöcher nicht mehr wie bisher seitlich im Nabenflansch, sondern sie sind in Speichenverlaufsrichtung angeordnet. Das ermöglicht die Verwendung von geraden, nicht gekröpften Speichen, die dabei nur noch auf Zug beansprucht werden. Dank dieser Konstruktion werden zum einen Speichenbrüche verhindert, und zum anderen sollten Unwuchten, die durch übermäßige Speichendehnung entstehen, der Vergangenheit angehören.

Radial gespeichtes Laufrad in Verbindung mit gekröpften Speichen

Die Schwachstelle einer Speiche ist ja immer die Kröpfung, die Stelle am Felgenflansch, an der die Speiche um 90 Grad abgewinkelt ist. Dadurch ist das Auswechseln einer Speiche auf der Zahnkranzseite des Hinterrades möglich, ohne diesen abnehmen zu müssen.

Speichen

Dieses Thema ist recht schnell abgehandelt: Es leuchtet ein, daß bei der im Mountainbike-Betrieb enormen Belastung der Laufräder nur beste Qualität in Betracht kommt. Die Radialspeichung ergibt sehr harte Laufräder und ist deshalb im Bike-Bereich allenfalls vorn in Verbindung mit einer Federgabel ein Thema. Der Mountainbiker ist auf das elastische Laufrad, das sich aus der tangentialen Einspeichung mit drei- oder vierfacher Kreuzung der Speichen ergibt, angewiesen. Die Speichen sollten aus Edelstahl bestehen und sind meist zwischen 1,8 und 2,34 Millimeter stark. Wobei, wie so oft im Leben, die goldene Mitte optimal sein dürfte. 2,34er Speichen gehen schon recht deutlich in Richtung Überdimensionierung, während dünne 1,8er Speichen vor allem bei Fahrern mit hohem Körpergewicht an die Grenzen ihrer Belastbarkeit stoßen dürften. Meist sind die Speichen an den Enden verstärkt; man spricht dann von Doppeldickend-Speichen. Eine solche Speiche ist an den Enden beispielsweise 2 Millimeter und dazwischen, weil hier weniger stark belastet, nur 1,8 Millimeter stark.

Tangential gespeichtes Laufrad in Verbindung mit geraden Speichen

Bremsen

Der erste Bremsvorgang eines Umsteigers vom Normalrad auf ein Mountainbike gehört sicherlich zu den echten „Aha-Erlebnissen". Die ursprünglich aus dem Querfeldein-Radsport kommenden Cantilever-Bremsen packen in nahezu jeder Situation kraftvoll zu und lassen auch auf langen Abfahrten kaum in ihrer Wirkung nach. Wobei wir auch schon bei den verschiedenen Bremsen-Bauarten sind, die in Mountainbikes eingebaut werden. Out sind die praktisch kaum noch verwendeten U-Brakes, auch Bottom-Brakes genannt, und die Roller-Cam-Brakes der frühen Jahre. Trommelbremsen werden, vor allem bei sportlichen Bikes, ebenfalls kaum noch montiert. Heute und mit ziemlicher Sicherheit auch noch in zehn Jahren absolut „up to date" sind, wie schon erwähnt, Cantilever-Bremsen. Die Zukunft schließlich dürfte immer mehr hydraulisch betätigte Bremsen und vor allem Scheibenbremsen bringen.

Cantilever-Bremsen

Cantilever-Bremsen sind nicht ohne Grund Standard im Bike-Bereich geworden. Sie sind bei geringstem Gewicht in hohem Maße verwindungssteif, simpel aufgebaut und daher einfach zu warten und stehen in ihrer Wirkung auch im Zeitalter der Hydraulik- und Scheibenbremsen nach wie vor mit an der Spitze. Cantilever-Bremsen werden bekanntlich nicht wie herkömmliche Felgenbremsen mit einer Schraube mittig über der Felge montiert, sondern sitzen auf speziellen Sockeln, die an Gabel und Sitzstreben angelötet bzw. angeschweißt sind. Dadurch werden Rahmen und Gabel mit einbezogen, und das Bremssystem wird entsprechend steif. Lange und damit weiche Bremsarme wie bei herkömmlichen Felgenbremsen gibt es hier nicht. Die weit über Rahmen und Gabel hinausragenden Cantis der ersten Stunde sind längst „low profile"-Modellen gewichen, die kaum noch oder gar nicht mehr überstehen. Die Gefahr, mit den Fersen hängenzubleiben, ist damit ausgeschaltet, die Verletzungsgefahr bei einem Sturz ist deutlich gemindert, und

An den Sitzstreben montierte Cantilever-Bremse in „low profile"-Bauweise

eleganter sieht es obendrein aus. Probleme haben Cantilever-Bremsen je nach den verwendeten Bremsschuhen und Felgen mehr oder weniger stark mit dem Naßbremsverhalten.

Eine „Wartesekunde" sollte im Regen immer eingeplant werden, bei Schnee und Eis kann es dann kriminell werden: Die Bremsleistung geht unter Umständen gegen Null.

Zum Problem wird ab und zu auch die Passung zwischen Bremssockel und der Bremse selbst. Nicht selten ist das Spiel zu groß, und die Bremsarme wackeln hin und her. Das kann zu quietschenden und flatternden Bremsarmen führen. Optimal ist die Lösung, die man bei einigen Edel-Bremsen findet. Der vom Rahmenbauer angebrachte Sockel wird hier nur als Montagepunkt verwendet, während der Drehpunkt in die Cantis integriert ist; das Spiel kann vom Bremsenhersteller also optimal abgestimmt werden.

Die anfangs erwähnten U-Brakes benötigen ebenfalls spezielle Anlötsockel, die aber nicht mit denjenigen für Cantilever-Bremsen identisch sind. Schon dieser Punkt allein hat die Verbreitung von U-Brakes nicht gerade begünstigt. Zudem sind sie deutlich schwerer als herkömmliche Cantilever-Bremsen. Weil sie meist hinter dem Tretlager unter den Kettenstreben montiert waren – daher auch der Name „Bottom-Brakes" –, waren sie ständig verdreckt und für Wartungsarbeiten nur schwer zugänglich. Argument für die Montage „unter Tage" war die wesentlich höhere Steifigkeit der Kettenstreben gegenüber den Sitzstreben, was zumindest theoretisch einen besseren Druckpunkt ergibt. Alle diese Nachteile haben die U-Brakes wieder vom Markt verschwinden lassen.

Hydraulik- und Scheibenbremsen

Unter dem beliebten Motto unserer Hochleistungsgesellschaft, „Gutes muß noch besser werden", könnte man die Hydraulik- und Scheibenbremsen betrachten. Bei den Hydraulik-Bremsen wird die Handkraft nicht mehr via Bowdenzug – also mechanisch – vom Bremshebel auf die Bremse übertragen, sondern über eine ölgefüllte Bremsleitung. Vom Geberkolben im Bremsgriff wird das Hydrauliköl durch die Bremsleitung zum Nehmerzylinder an der Bremse gepreßt, und der drückt dann wiederum die Bremsschuhe an die Felge. Vorteil: praktisch keine Handkraftverluste durch schlecht geschmierte oder zu eng verlegte Bowdenzüge, gute Dosierbarkeit und keine Probleme mehr mit einer verwinkelten Bremszugführung, wie sie vor allem auf dem Weg zur hinteren Bremse oft vorkommt. Nachteil: Sie sind teuer und im Falle eines Schadens unterwegs schwer oder gar nicht zu reparieren. Die möglichen Bremsleistungen aber sind enorm, und so mancher Neuling hat bei einer Schreckbremsung sein Bike zwar optimal verzögert, sich selbst dabei aber in hohem Bogen ungebremst in eine mittlere Erdumlaufbahn katapultiert.

Es gibt Hydraulik-Bremsen, die auf die Sockel der Cantilever-Bremsen montiert werden können und die im Prinzip nichts anderes sind als hydraulisch betätigte Felgenbremsen, sowie hydraulisch betätigte Scheibenbremsen. Scheibenbremsen benutzen nicht mehr die Felgenflanken als Bremsfläche, sondern – wie der Name schon sagt – eine Bremsscheibe, die auf eine spezielle Nabe montiert ist. Scheibenbremsanlagen sind noch recht teuer und fast ausnahmslos schwerer als beispielsweise

Cantilever-Bremsen, überzeugen aber durch ihren brutalen Biß und vor allem durch ihr überragendes Bremsverhalten bei Nässe und Schnee. Schon allein das hervorragende Naßbremsverhalten wird ihnen zum Durchbruch verhelfen. Zudem kennen sie keinerlei Fading, also nachlassende Bremswirkung, bei langen Abfahrten. Außerdem sind die Bremsbeläge schnell und einfach auszuwechseln und brauchen nicht eingestellt oder nachgestellt zu werden. In bezug auf die Betätigung gibt es mehrere Varianten: rein hydraulisch, nur mittels Bowdenzug oder eine Kombination aus beidem, wobei ein Bowdenzug bis hinunter zur Bremszange läuft, in der dann die Handkraft hydraulisch auf die Bremsklötze übertragen wird. Vorteil dieser Kombination aus Bowdenzug und Hydraulik ist die Tatsache, daß der bisherige Bremshebel weiterhin verwendet werden kann und daß Reparaturen unterwegs wie gewohnt problemlos durchgeführt werden können.

Hydraulisch betätigte Felgenbremse; auf den Bremssockeln einer Cantilever-Bremse montiert

Während die beim Bremsen entstehende Wärme bei einer Scheiben- oder auch Felgenbremse gut abgeführt wird, staut sie sich bei einer Trommelbremse – je nach Dimensionierung – leicht im Inneren und führt so zu einem drastischen Nachlassen der Bremswirkung, dem gefürchteten Brems-Fading. Trommelbremsen konnten sich deshalb im sportlichen Mountainbike-Bereich nicht durchsetzen. Zudem sind sie relativ

Kombiniert mechanisch/ hydraulisch betätigte Scheibenbremse am Vorderrad

Dreifach-Kettenblätter sind Standard bei Mountainbikes

schwer und aufwendig in der Wartung. Für den Alltagsfahrer aber haben sie den Vorteil der Nässeunempfindlichkeit.

Antrieb und Schaltung

Während der Antrieb dafür sorgt, daß die Muskelkraft des Bikers zum Hinterrad gelangt, ist die Schaltung für die entsprechende Übersetzung zuständig. Im Bereich Mountainbike-Antrieb und -Schaltung hat sich seit den frühen achtziger Jahren viel getan. Kurbeln, Pedale und die Lager sind ebenfalls immer weiter verbessert worden und zudem auch noch traumhaft leicht geworden.

Mountainbikes werden fast ausschließlich mit Kettenschaltungen ausgestattet, denn keine andere Schaltung erlaubt eine solche Übersetzungsbandbreite. Moderne Kettenschaltungen sind äußerst zuverlässig, und durch die Schalthebel mit Rasterung (auch Indexierung oder Positionierung genannt) sowie raffiniert ausgeformte Zähne an Ritzeln und Kettenblättern hat der Schaltkomfort einen erstaunlich hohen Stand erreicht. Aber nicht jeder einzelne Gang einer Kettenschaltung kann auch genutzt werden. Von den theoretisch vorhandenen 21 Gängen einer Mountainbike-Schaltung beispielsweise lassen sich in der Praxis nur etwa 12 bis 14 gleichmäßig abgestufte Gänge einsetzen. Dafür sind – um beim Beispiel der 21-Gang-Schaltung zu bleiben – vorn drei Kettenblätter und hinten sieben Ritzel notwendig. Würde die Kette nun vorn über das kleinste, innere Kettenblatt und hinten ebenfalls über das kleinste, dort aber außen sitzende Ritzel laufen, so wäre die Kette gezwungen, extrem schräg zu laufen. Solch eine schräglaufende Kette aber läuft schwer und verschleißt entsprechend schnell. In der Praxis wird von diesen Gängen also kein Gebrauch gemacht. Andere Gänge sind sozusagen doppelt vorhanden und werden ebenfalls nicht genutzt. Mehr darüber erfahren Sie im Kapitel Fahrtechnik unter „Richtig Schalten“. Vor allem bei Downhill-Rennen scheint sich ganz allmählich eine weitere Art der Schaltung durchzusetzen. Vorn kommt dabei nur noch ein Kettenblatt zum Einsatz, mit dem Vorteil, daß die Kette nicht mehr so leicht abspringt. Durch die Kombination von sieben Ritzeln hinten mit einem in die Nabe integrierten Dreigang-Getriebe wird eine normalen Kettenschaltungen vergleichbare Gangabstufung und -anzahl erreicht. Geschaltet wird wie bei einer herkömmlichen Kettenschaltung. Nur daß der linke Schalthebel nicht mehr einen Umwerfer betätigt, sondern die Dreigangnabe im Hinterrad.

Kurbelsatz

Der Kurbelsatz, bestehend aus den beiden Kurbeln, dem Innenlager und den Kettenrädern, bildet den Antrieb. Den vorderen Umwerfer, die Kette sowie Schaltwerk und Ritzelpaket hinten rechnet man zur Schaltung. Wohl nirgendwo sonst dürfte die Verwirrung, die unter den Mountainbike-Einsteigern herrscht, so groß sein. 21 oder gar 24 Gänge, raffiniert ausgeformte Ritzel und Kettenräder, verschiedene Innenlager und dazu noch unterschiedliche Pedalsysteme stehen zur Auswahl, und das alles auch noch in den unterschiedlichsten Preiskategorien. Dennoch ist bei einer so großen Auswahl die Gefahr, völlig daneben zu greifen, relativ gering.

Schon bei Mountainbikes für rund 1000 Mark bekommt man heute eine gut funktionierende Einsteiger-Ausstattung. Top-Ausstattungen, meist an Bikes verbaut, die weit über 2000 Mark kosten, unterscheiden sich von der oberen Mittelklasse im wesentlichen oft nur durch ein edleres Finish und das geringere Gewicht. Schaltkomfort und Zuverlässigkeit sind auch im mittleren und teilweise sogar im unteren Preisbereich hervorragend.

Die Kurbeln werden heute nahezu ausschließlich aus Aluminium geschmiedet. Ausnahme: Manche Hersteller von Edelteilen fertigen ihre teuren Kurbeln aus hochwertigem Cromoly-Stahlrohr oder fräsen aus massiven Alu-Blocks regelrechte Kunstwerke. Schwere Kurbeln aus massivem Stahl dagegen findet man nur noch an Billig-Bikes. Die Kurbeln werden auf einem Vierkant auf der Achse des Innenlagers verschraubt, der leider nicht standardisiert ist. Werden ein neues Innenlager oder neue Kurbeln montiert, kann es vorkommen, daß die

Hochwertige Kurbelgarnitur aus geschmiedetem Aluminium mit drei Kettenblättern

neuen Teile nicht optimal zusammenpassen. Fragen Sie deshalb Ihren Händler, ob die entsprechenden Teile auch kompatibel sind. Für die Demontage der Kurbeln benötigt man ein kleines Spezialwerkzeug, einen sogenannten Kurbelabzieher. Bei manchen Kurbeln ist solch ein Abzieher integriert, für die Demontage wird dann nur noch ein kleiner Innensechskant-Schlüssel benötigt.

Kettenblätter

Die rechte Kurbel ist mit Armen – meist sind es fünf – ausgestattet, mit denen die drei Kettenblätter verschraubt werden. Leider konnten oder wollten sich die Hersteller bislang nicht auf einen einheitlichen Lochkreisdurchmesser einigen. Folglich paßt nicht jedes Kettenblatt zu jeder x-beliebigen Kurbel. Die Hersteller wollen so verhindern, daß Fremdprodukte problemlos montiert werden oder daß preiswerte Gruppen mit teuren kombiniert werden oder umgekehrt. Denn teilweise verwendet sogar ein und derselbe Hersteller verschiedene Lochkreisdurchmesser innerhalb des eigenen Programms.

Die vor einigen Jahren topaktuellen ovalen Kettenblätter sind wieder völlig von den rechten Kurbelarmen verschwunden. Der Grundgedanke war, die Kraftübertragung gleichmäßig über die gesamte Kurbelumdrehung hinweg zu verteilen und so vor allem Einsteigern einen effektiveren Tritt zu ermöglichen. Dem sportlichen Mountainbiker aber, der rund und mit hoher Trittfrequenz und zudem unter ständig wechselnden Geländebedingungen pedaliert, waren die Kettenblatt-Eier schon immer ein Dorn im Auge. So sind die Kettenblätter heute wieder ausnahmslos rund, und um den Rückweg zum Althergebrachten als Weiterentwicklung vermarkten zu können, erfand ein Hersteller gar den genialen Begriff „RoundTech“. Raffiniert ausgeformte Zähne und/oder spezielle aufgenietete Steighilfen für die Kette sorgen mittlerweile bei modernen Kettenblättern für immer problemlosere Schaltvorgänge, selbst unter Last.

Bei preiswerteren Gruppen werden die Kettenblätter oft noch aus Stahl gefertigt. Wer sich an dem höheren Gewicht nicht stört, kann sich über die lange Lebensdauer freuen. Aus diesem Grund wird auch bei den teuereren Gruppen das kleinste Ritzel gern aus Stahl gefertigt, während das mittlere und das große Kettenblatt aus Aluminium bestehen. Um dem Trend nach immer leichteren Bikes Rechnung zu tragen, sind die Kettenblätter im Durchmesser immer kleiner geworden. War lange Zeit eine Abstufung mit 26/36/48 Zähnen weit verbreitet, so findet man heute immer häufiger kleinere und damit leichtere Kettenblätter mit beispielsweise 22/32/42 Zähnen. Weiterer Vorteil: Die Bodenfreiheit im Tretlagerbereich wird größer. Die Übersetzung bleibt insgesamt gleich, weil das hintere Ritzelpaket ebenfalls mit weniger Zähnen auskommt. Nachteil: Der Verschleiß wird natürlich etwas größer, weil die Kette jetzt über weniger Zähne läuft und diese entsprechend stärker strapaziert werden.

Innenlager

Das Innenlager – auch Tretlager genannt – verbindet Kurbeln und Kettenblätter drehbar mit dem Rahmen. Daß das Innenlager eines der geplagtesten Lager am Mountainbike ist, wird jedem einleuchten. Das Innenlager bekommt viel Dreck ab, muß also hervorragend abgedichtet sein, um langfristig zu überleben, und die Belastungen durch kräftige Waden – man denke nur an den Wiegetritt – sind nicht zu unterschätzen. Eine unterdimensionierte Achse gerät da schnell aus der Form und verbiegt sich.

Meist wird das Innenlager mit einem sogenannten BSA-Gewinde im Rahmen verschraubt, wobei die rechte Lagerschale ein Linksgewinde aufweist und die linke ein Rechtsgewinde. Nur die Italiener und Franzosen verwenden noch andere Gewinde (beide Seiten Rechtsgewinde!), sind aber im Mountainbike-Bereich kaum vertreten. Beim Lager selbst unterscheidet man zwischen Patronenlagern und Konuslagern. Während Patronenlager mit gedichteten Industrie-Rillenkugellagern (meist zwei, manchmal aber auch drei oder gar vier!) ausgestattet und als völlig wartungsfreie Einheiten dauergeschmiert im Rahmen verschraubt werden, sind Konuslager etwas aufwendiger zu montieren und auch wartungsintensiver. Wie bei den Konus-Naben drehen sich auch hier die Kugeln zwischen einstellbaren Konen; der Techniker spricht von einem Schrägkugellager. Billige Konuslager sind häufig schlecht abgedichtet und von kurzer Lebensdauer.

Bei Patronenlagern wird meistens die komplette Einheit ausgetauscht, sobald sich Verschleißerscheinungen zeigen; ein Konuslager hingegen kann überholt werden. Es kann problemlos zerlegt, gereinigt und – falls notwendig – mit

Innenlager mit eingepreßten Rillenkugellagern in Patronenbauweise

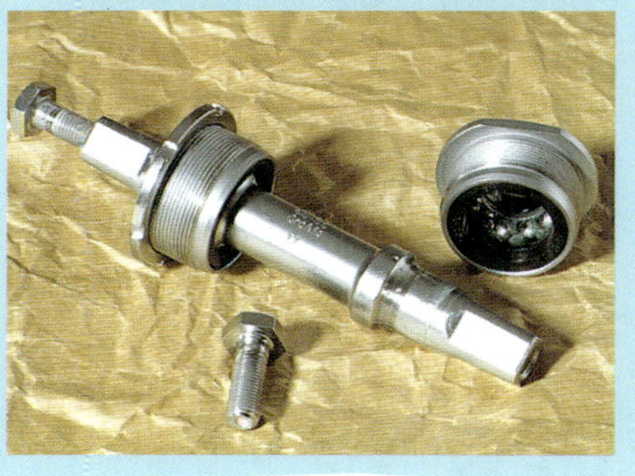

Innenlager mit einstellbarer Konuslagerung

neuen Kugeln oder auch neuen Laufflächen versehen neu montiert und justiert werden. Sauber eingestellt laufen hochwertige Konus-Innenlager etwas leichter als Patronenlager. Allerdings kann sich solch ein Lager lockern, wodurch Lagerspiel entsteht und eine unterwegs nicht immer leicht durchzuführende Neu-Einstellung notwendig wird. Im Hochwertbereich kommt noch eine dritte Innenlager-Variante zum Einsatz. Gedichtete Industrie-Rillenkugellager werden dabei nicht wie beim Patronenlager als komplette Einheit verbaut, sondern entweder direkt in den Rahmen eingepreßt oder mittels zweier Schalen darin verschraubt. In der Montage sind sie aufwendiger als Patronenlager, dafür aber leichter.

Neben der Lagerung hat auch die Achse wesentlichen Anteil an der Qualität des Innenlagers. Ist sie zu schwach dimensioniert und biegt sich unter Belastung durch, sind auch schnell die Lager ruiniert. Gerade superleichte Innenlager mit relativ weichen Titanachsen statt soliden Cromoly-Achsen können hier Probleme bereiten. Deshalb sollten die Lager soweit wie möglich außen sitzen, damit die Achse nicht zu sehr auf Biegung beansprucht wird. Die Achse selbst sollte deshalb auch so kurz wie möglich sein. Werte um 120 Millimeter – teilweise sogar darunter – sind Standard. Auf breitere Achsen sollte man möglichst verzichten.

Umwerfer und Schaltwerk

Weil die Kette auch bei modernsten Kettenschaltungen durch beschwörende Blicke allein nicht dazu zu bewegen ist, auf ein anderes Ritzel oder Kettenblatt zu wechseln, muß dies von einer mehr oder weniger aufwendigen Mechanik übernommen werden. Diese Mechanik heißt Umwerfer (er ist für die Kettenblätter vorn zuständig) und Schaltwerk (zuständig für das hintere Ritzelpaket).

Beim Umwerfer vorn läuft die Kette durch das meist verchromte Leitblech und wird so gezwungen, dessen Bewegungen zu folgen. Eine starke Feder zieht den Umwerfer einwärts, ein Reibungsmechanismus im linken Schalt-

Umwerfer für Dreifach-Kettenblatt

hebel sorgt dafür, daß dies aber nur geschieht, wenn der Schalthebel entsprechend betätigt wird. Um beispielsweise vom großen auf das mittlere Kettenblatt zu schalten, wird der Umwerfer also nach innen und gleichzeitig auch etwas nach unten (das mittlere Blatt ist ja im Durchmesser kleiner als das große) bewegt und die Kette dadurch vom großen auf das mittlere Blatt „gezwungen". Der Umwerfer selbst besteht bei hochwertigen Schaltungen aus Aluminium, bei einfachen Ausführungen werden oft auch Stahl und/oder Kunststoff eingesetzt. Befestigt wird er mittels einer Schelle am Rahmenrohr. Das Betätigen des Umwerfers erfolgt über einen Seilzug, der ihn mit dem Schalthebel verbindet und der entweder am Unterrohr entlang und dann um das Tretlagergehäuse herum nach oben führt oder der – in der sogenannten „Top-Pull-Version" – über das Oberrohr und dann am Sitzrohr entlang nach unten verläuft.

Das Schaltwerk hinten hat zwei Aufgaben zu erfüllen. Zum einen muß es natürlich die Kette auf Befehl des rechten Schalthebels auf die gewünschten Ritzel transportieren und zum anderen aber auch noch automatisch die Kette strammhalten.
Die Kette läuft dazu am Schaltwerk durch den federnd angebrachten unteren Käfig über zwei Umlenkrollen – die sogenannten Schaltungsrädchen – und wird so in jedem Gang optimal

Hochwertiges Schaltwerk für acht Ritzel

gespannt. Bei Mountainbikes kamen ursprünglich ausschließlich „Longcage-Schaltwerke" zum Einsatz. Diese sind mit einem besonders langen Käfig ausgestattet, denn die Kette einer typischen Mountainbike-Schaltung muß sich einem beachtlichen Größenunterschied der Zahnräder anpassen. Durch den weiter oben erwähnten Einsatz immer kleinerer Kettenblätter und Ritzel aber sind die etwas schwereren „Longcage-Schaltwerke" immer seltener notwendig und werden durch kompaktere und nebenbei auch noch spontaner schaltende Ausführungen ersetzt. Schaltwerke aus der oberen Preisregion glänzen meist durch ein hervorragendes

Finish, durch geringes Gewicht und lange Lebensdauer. Sie werden aus Aluminium gefertigt. Einfachere Ausführungen sind zwar im Schaltkomfort meist schon erstaunlich komfortabel, verschleißen aber deutlich schneller und sind wegen der verwendeten preiswerteren Stahl- und/oder Kunststoffteile keine ausgesprochenen Leichtgewichte.

Kette und Zahnkranz hinten

Wären Rollenketten nicht auf eine regelmäßige Reinigung und Schmierung angewiesen, könnte man sie glatt als das Antriebs-Ei des Kolumbus bezeichnen. In ihrem Wirkungsgrad nämlich sind Rollenketten – ordentliche Pflege vorausgesetzt – kaum noch verbesserungsfähig. Für den Einsatz in Verbindung mit einer Kettenschaltung müssen Rollenketten mit einem kleinen Kettennieter vernietet werden. Durch die immer häufigere Verwendung von 8fach-Ritzelpaketen mußte die Kette immer schmaler werden. Ein relativ hoher Kettenverschleiß ist denn auch der Preis, den der Mountainbiker für seine leistungsfähige und fein abgestufte Schaltung bezahlen muß. Je nach Verschmutzung und Pflege kann die Kette im Extremfall bereits nach 1000 Kilometern verschlissen sein. Es können aber auch Laufleistungen von weit über 3000 Kilometern erreicht werden.

Raffiniert ausgeformte Ritzel sorgen für fließende Gangwechsel, selbst unter Last

Auch moderne Zahnkränze, bisweilen Ritzelpakete genannt, halten nicht gerade bis zur Weitervererbung des Bikes an die begeisterten Enkel. Allerdings sorgen die raffiniert ausgeformten Zähne, die so mancher unbedarfte Betrachter schon im Neuzustand als verschlissen betrachtet hat, für einen mühelosen Gangwechsel selbst noch unter Last. Fangzähne helfen der Kette in kürzester Zeit auf die Sprünge, nämlich aufs nächste Ritzel. Dieses System hat den Schaltkomfort ähnlich revolutionär verbessert wie schon die Rasterschaltung. Mit herkömmlichen Ritzeln war die Kette am Berg unter Last kaum dazu zu bewegen, auf das nächst größere umzusteigen. Wer nicht rechtzeitig genug geschaltet hatte, stand zunächst einmal frustriert am Steilhang.

Auf den Unterschied zwischen Schraubzahnkränzen und dem Kassettensystem wurde im Zusammenhang mit den Hinterradnaben eingegangen. Die Zukunft gehört hier eindeutig dem Kassettensystem. Die Zahnkränze werden im Mountainbike-Bereich praktisch ausschließlich aus Stahl gefertigt. Es sind

zwar auch Ritzelpakete aus Aluminium erhältlich, aber deren Verschleiß ist beim Mountainbike horrend und wird in der Regel selbst von überzeugten Leichtbau-Freaks nicht akzeptiert.

Die Übersetzung

Aus anfänglich 15 Gängen wurden schnell 18, dann 21, und heute sind 24 Gänge fast schon das Maß der Dinge. Die eindrucksvolle Anzahl der Gänge allein nützt aber wenig, wenn Übersetzungsverhältnis und Abstufung schlecht gewählt sind. Das Übersetzungsverhältnis erhält man, indem man die Zähnezahl des Kettenblattes vorn durch die des hinteren Ritzels teilt. Die so errechnete Zahl gibt an, wie oft sich das Hinterrad bei einer Pedalumdrehung dreht. Unter der Abstufung versteht man den Abstand zwischen den einzelnen Gängen. Nicht nur am Ende einer langen Tour sind die Beine froh über eine feine Abstufung, die es erlaubt, die Trittfrequenz trotz unterschiedlichster Geländebedingungen möglichst konstant zu halten. Eine Abstufung zwischen den nutzbaren Gängen von etwa 10 Prozent wäre optimal. Meist liegt sie aber bei etwa 15 Prozent und wird mit zunehmendem Schwinden der Muskelkraft immer deutlicher als zu groß empfunden. Man beginnt sich einen Zwischengang zu wünschen. Bei einer 24-Gang-Schaltung geht es also nicht in erster Linie darum, noch mehr Gänge anzubieten, sondern eine feinere Abstufung zu erreichen.

Übersetzungsverhältnis im kleinsten Gang

Wichtig ist auch das Übersetzungsverhältnis im kleinsten Gang. Denn es entscheidet darüber, ob ein steiler Anstieg noch im Sattel sitzend bewältigt werden kann oder ob geschoben werden muß. Genau genommen sollte es sich dabei um ein Untersetzungsverhältnis handeln. Das heißt im Klartext, daß sich das Hinterrad im kleinsten Gang pro Pedalumdrehung nur noch etwa 0,8 mal oder gar noch weniger dreht. In diesem Bereich sollte also der kleinste Gang in etwa liegen, damit der Biker auch den steilsten Anstiegen gelassen entgegensehen kann.

Am anderen Ende der Skala wird ein Gang erwartet, der es erlaubt, auch bergab noch kräftig in die Pedale treten zu können. Da stößt natürlich auch eine moderne Kettenschaltung an Grenzen. Die Abstufung wird leicht zu groß, und das Schaltwerk kann irgendwann den extremen Längenunterschied der Kette nicht mehr ausgleichen.

Um den Verschleiß in Grenzen zu halten, wird das Ritzelpaket fast ausnahmslos aus Stahl gefertigt

Der Mountainbiker wird in der Regel mehr Wert auf einen optimalen Berggang legen und dafür auf die Möglichkeit verzichten, bergab auch noch bei über fünfzig Sachen pedalieren zu können.

Pedale

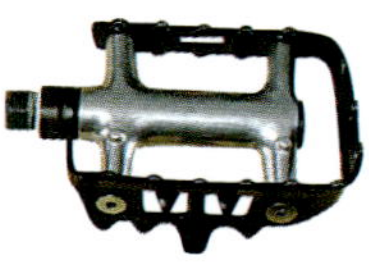

Die „Bärentatzen"-Pedale der ersten Jahre, die in Größe und Zahnung fast schon an die Fangeisen kanadischer Trapper herankamen, sind längst leichteren und filigraneren Modellen gewichen. Griffig müssen Mountainbike-Pedale aber nach wie vor sein. In kniffligen Situationen ist es nämlich ein gutes Gefühl, auf dem „nackten" Pedal zu stehen, um sich – unbehindert durch Haken und Riemen – schnell mit dem Fuß abstützen zu können. Der Schuh muß dann aber auf dem Pedal optimalen Halt finden, was durch ein entsprechend gezahntes Profil erreicht wird. Plastik-Pedale verbieten sich also für den ernsthaften Mountainbike-Einsatz. Schon nach kurzer Zeit ist die Zahnung rundgetreten und bietet keinen sicheren Halt mehr. Von der enttäuschenden Lebensdauer solcher „Weichheimer" einmal ganz abgesehen.

Mountainbike-Pedale mit griffigem Außenkäfig lassen sich problemlos mit Haken und Riemen ausstatten

Gute Pedale werden daher aus Aluminium mit einem gezahnten Außenkäfig gefertigt und mit einer steifen Cromoly-Achse und gut abgedichteten Lagern ausgestattet. Denn die Pedale gehören zu den am meisten getretenen Teilen am Mountainbike. Achten Sie auch darauf, daß Pedalhaken montiert und Pedalriemen durchgefädelt werden können. Hinsichtlich einer effektiveren Kraftübertragung ist es nämlich wichtig, daß der Fuß auf dem Pedal fixiert werden kann. Nur dann ist es möglich, neben dem Treten zusätzlich am gegenüberliegenden Pedal zu ziehen. Das ist eine wichtige Voraussetzung für einen runden Tritt.

Clickpedale

Clickpedale, die sich im Bike-Bereich auf breiter Front durchgesetzt haben, gehen bezüglich der Kraftübertragung noch einen Schritt weiter. Der mit einer Halteplatte in der Sohle versehene Schuh rastet dabei – ähnlich einer Skibindung – fest auf dem Pedal ein. Durch eine leichte Drehung der Ferse nach außen wird schnell und sicher ausgelöst, der Fuß kommt problemlos frei. Die Auslösehärte kann verstellt werden. Clickpedale ermöglichen nicht nur das Hochziehen des Pedals, sondern der Biker kann mit

ihnen auch vom unteren Pedaltotpunkt aus nach hinten und dann nach oben ziehen. So wird eine optimale Kraftübertragung über die volle Kurbelumdrehung möglich.

Bei den Click-Systemen für das Mountainbike wurden die Halteplatten in den Schuhsohlen versenkt. Mit solchen Schuhen läßt es sich noch ganz passabel laufen. Das ist wichtig, wenn das Bike geschoben oder gar geschultert werden muß. Weiterer Vorteil der Clicker: Das Bike wird praktisch ein Teil seines Fahrers. Sprünge über Querrillen, Wurzeln oder Steine werden so zum Kinderspiel. Die Verletzungsgefahr durch scharfkantige Pedale ist ebenfalls gebannt, und die Füße werden nicht mehr durch zu stramm angezogene Pedalriemen malträtiert.

Ein paar Nachteile haben Clickpedale natürlich auch: Sie erfordern eine gewisse Eingewöhnungszeit, und wer sein Bike am liebsten über schmale, steinige Gemsenpfade zirkelt, ist mit herkömmlichen Pedalen nach wie vor besser bedient. Außerdem sind Clickpedale aufgrund ihrer kleinen Auflagefläche mit normalen Schuhen nicht fahrbar. Wer aufgrund der starren Fixierung des Fußes Knieschmerzen befürchtet, dem sei gesagt, daß dies tatsächlich vorkommen kann. Es gibt jedoch Systeme, die dem Fuß seitlich etwas Spielraum zugestehen und so Knieprobleme gar nicht erst aufkommen lassen.

Aber auch all denen, die sich mit den Nachteilen der Clickpedale partout nicht anfreunden wollen, kann geholfen werden. Denn es gibt Kombi-Pedale, die auf der einen Seite mit dem Click-Mechanismus ausgestattet sind und auf der anderen wie ein herkömmliches Pedal mit normalen Schuhen gefahren werden können.

Bedienungselemente – Bremshebel und Schalthebel

Auch die Bremshebel sind immer leichter und filigraner geworden. Relativ kurze Zweifinger-Bremshebel haben die scheinbar für Bärenpranken konzipierten Hebeleien der Anfangszeit verdrängt. Oft ist bei guten Bremshebeln ein Übersetzungsmechanismus integriert, der progressiv ausgelegt ist. Das heißt, die Bremse setzt sanft ein und packt dann immer kräftiger zu. Für den Biker bedeutet das weniger aufzuwendende Handkraft bei besserer Bremsleistung.

Speziell fürs Mountainbike konzipiertes Click-Pedal, bei dem die Halteplatte in der Schuhsohle versenkt ist

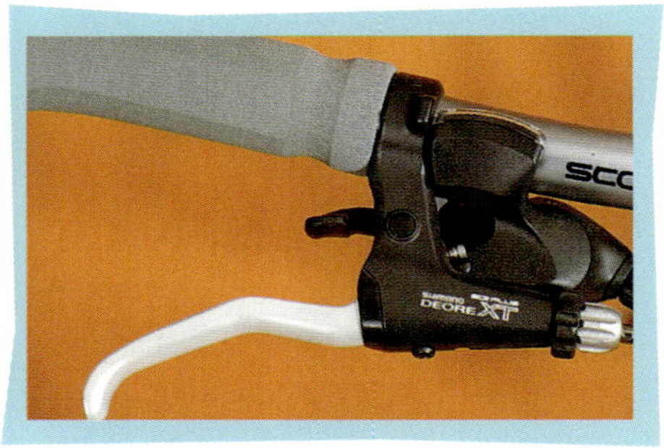

Bei hochwertigen MTB-Bremshebeln kann der Abstand zum Lenker den Händen angepaßt werden

Vor allem bei langen Abfahrten ist das eine positive Sache. Bei guten Bremshebeln kann außerdem über eine kleine Verstellschraube der Abstand zum Lenker variiert werden. So wird gewährleistet, daß der Bremshebel einer zarten Frauenhand ebenso gerecht wird wie einer derben Männerpranke. Bremshebel aus Kunststoff stellen keine dauerhaft befriedigende Lösung dar. Meist schon nach kurzer Zeit wackeln sie wie Lämmerschwänze hin und her und sind oft auch recht schwammig; ein genauer Druckpunkt läßt sich damit kaum erkennen. Die Bremshebel sollten also nach Möglichkeit aus Aluminium gefertigt sein.

Brems-/Schalthebel-Kombinationen

Ein Hauptmerkmal von Mountainbikes war und ist die Montage der Schalthebel direkt am Lenker. Bei den aktuellen Gruppen werden meist Brems-/Schalthebel-Kombinationen montiert. Sie sind aus einem Guß gefertigt und haben den Nachteil, daß bei einem Defekt oder Sturz die ganze Einheit ausgetauscht werden muß. Ansonsten sind sie in ihrer Ergonomie hervorragend. Die Hebel befinden sich genau da, wo eine den Lenker umfassende Hand sie auch erwartet. Bei diesen unter dem Lenker liegenden Schalthebeln wird die Kette über einen mit dem Daumen betätigten Hebel auf das jeweils nächstgrößere Ritzel bzw. Kettenblatt befördert und mit einem vor dem Lenker liegenden Hebel mit dem Zeigefinger auf das nächstkleinere Ritzel bzw. Kettenblatt. Ein „Optical Gear Display“ – eine in den Schalthebel integrierte Ganganzeige also – informiert den Biker sogar über den eingelegten Gang. Ob das als lobenswerter Fortschritt oder einfach nur als Spielerei betrachtet wer-

Unter dem Lenker liegender Schalthebel mit optischer Ganganzeige

Bremsgriff für eine Hydraulikbremse in Verbindung mit einem Drehschaltgriff

den muß, sollte jeder für sich selbst entscheiden. Die erste Version untenliegender Schalthebel, bei denen die Hebel für das Rauf- und Runterschalten jeweils übereinander lagen, ist wieder vom Markt verschwunden. So mancher breite Daumen hatte hier Probleme, auf Anhieb den richtigen Hebel zu treffen.

Drehschaltgriffe

Von Schalt-„Hebeln" zu sprechen, ist bei den Drehschaltgriffen, die einen wahren Siegeszug angetreten haben, nicht ganz korrekt. Der Lenkergriff ist hier drehbar auf dem Lenker angebracht und wird zum Gangwechsel entsprechend vor- oder zurückgedreht. Die Versionen, bei denen der komplette Griff drehbar ist, sind meist mit einem Arretierungsknopf versehen. Damit sollen unbeabsichtigte Schaltvorgänge, beispielsweise bei Sprüngen oder im Wiegetritt, verhindert werden. Alles in allem ist das eher etwas umständlich. Deutlich besser sind da die Versionen, bei denen nur das innere Drittel des Lenkergriffes drehbar ist. Dadurch wird ein versehentliches Schalten ohne Umweg über einen zusätzlich zu bedienenden Arretierungsknopf verhindert. Die letztere Version der Drehschaltgriffe ist sehr leicht, unkompliziert aufgebaut und gut zu bedienen. Der eingelegte Gang kann problemlos am Drehschaltgriff abgelesen werden. Bei den aus einem Stück gefertigten Integrallenkern kann es aber Probleme mit der Montage geben. Teilweise lassen

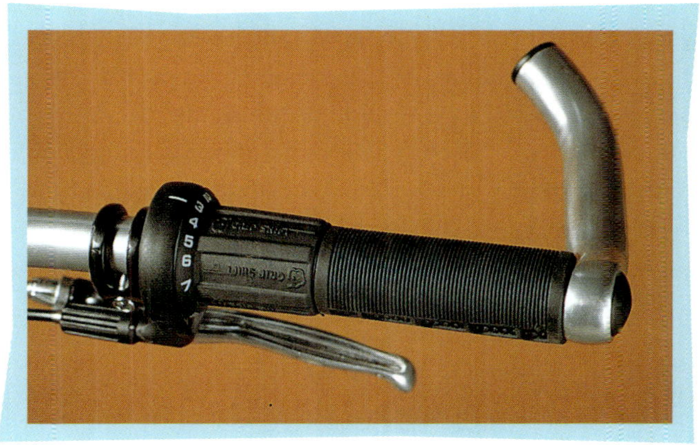

Bei Drehschaltgriffen kann der eingelegte Gang problemlos abgelesen werden

sich die Drehschaltgriffe nicht über die Lenkerbögen schieben. Mit einem geraden Lenker in Verbindung mit „Bar Ends" gibt es aber keinerlei Probleme.

Daumenschalthebel

Aber auch die fast schon als klassisch zu bezeichnenden Daumenschalthebel, auch „Top Shifter" genannt, sind alles andere als out. Leicht, zuverlässig und problemlos zu warten, haben die meisten auch noch den Vorteil, daß die Positionierung abgeschaltet werden kann. Ein klares Plus, wenn unterwegs etwas an der Schaltung „verbogen" ist

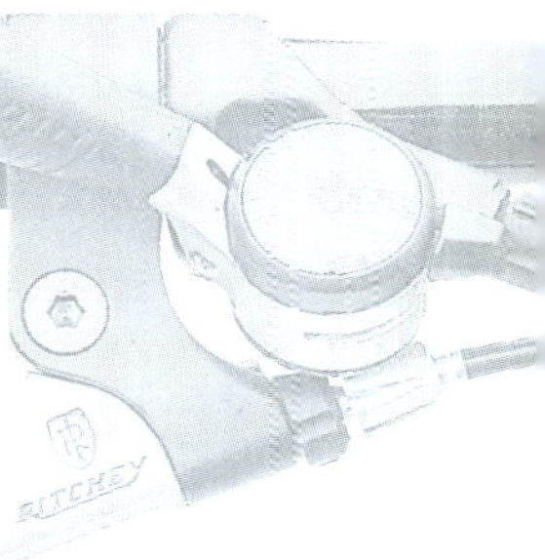

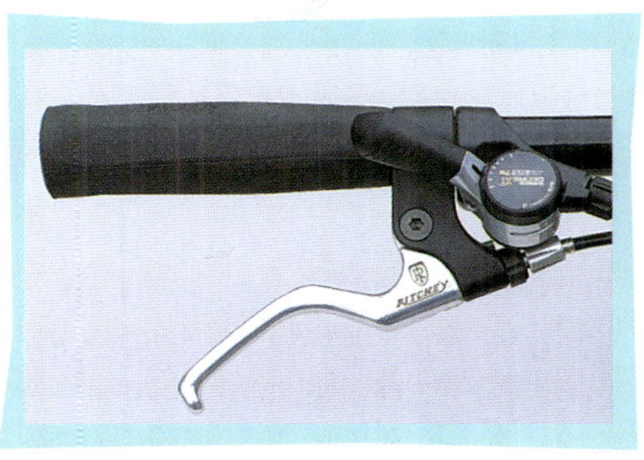

Klassischer, absolut funktioneller Daumenschalthebel

Ein guter Sattel wird erst im hinteren Drittel richtig breit

und man keine saubere Einstellung mehr hinkriegt. Mit einem kleinen Hebelchen stellt man dann einfach auf die Position „F“ (wie Friktion) um und kann dann wie in den alten Tagen ohne Positionierung weiterfahren. Zudem kann man bei Daumenschalthebeln auch ohne „Optical Gear Display“ an der Stellung der Hebel den eingelegten Gang ablesen.

Ganz gleich, für welche Art von Schalthebel Sie sich entscheiden, glauben Sie nicht alles, was in den Prospekten steht. Die topaktuellen, untenliegenden Schalthebel und Drehschaltgriffe sind zwar genau da, wo auch Ihre Hand ist, aber nur, wenn Sie den Lenker normal greifen. Fahren Sie einen Integrallenker oder „Bar Ends“, dann werden Sie oft außen zupacken und müssen dann zum Schalten auch wieder umgreifen.

Sattel und Sattelstütze

Bei den Sätteln reicht die Palette vom spartanischen, aber ultraleichten Kohlefaser-Sitz mit Titan-Untergestell bis zum üppig gefederten Kernledersattel mit dem Schwingverhalten einer Hollywoodschaukel. Eines gleich vorweg: Den perfekten Sattel gibt es nicht. Zum einen variiert die Sitzflächenanatomie beträchtlich, und zum anderen ist zum beschwerdefreien Biken nicht nur ein perfekter Sattel notwendig, sondern vor allem auch ein entsprechend „eingefahrenes“ Sitzfleisch. Ein Hinterteil, das

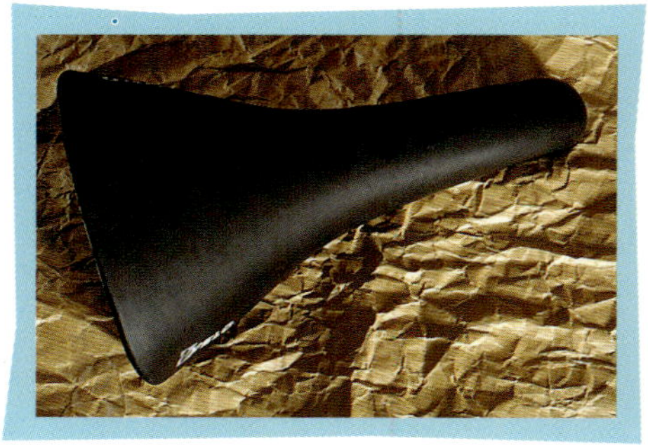

Radfahren nicht gewohnt ist, wird sich auf jedem Sattel – mal mehr, mal weniger – schwertun.

Mit den ultraleichten Sätteln, bei denen die Sitzschale aus Kohlefaser sogar noch ohne einen dünn gepolsterten Überzug auskommen muß, dürfte die Schmerzgrenze in jeder Hinsicht erreicht sein. Leichtgewichtige Sättel mit einem Unterbau aus Titan und einer nur leicht gepolsterten, schmalen Sitzfläche dagegen können durchaus noch als praxistauglich gelten und werden immer begehrter. Ein sportlicher Sattel darf den Fahrer in seinen Bewegungen jedenfalls nicht einschränken. Er muß deshalb vorne schmal, insgesamt relativ lang und hinten nicht zu breit sein. Wenn der Sattel etwa doppelt so lang wie breit ist und erst im letzten Drittel richtig breit wird, kann der sportliche Biker sicher sein, daß er an steilen Anstiegen weit genug nach vorne und bei steilen Abfahrten entsprechend nach hinten rutschen kann. Der Sportler wird also in jedem Fall einen langen und schmalen Sattel wählen. Ausgesprochene Tourenfahrer dagegen setzen (sich) gern auf einen etwas breiteren Sattel. Bei Frauen sollte der Sattel in Relation zu seiner Länge hinten etwas breiter sein, um der weiblichen Anatomie Rechnung zu tragen. Spezielle Damensättel sind aber hinten oftmals schon wieder zu breit. Beim sportlichen Einsatz wird es dann schwierig, problemlos auf dem Sattel hin- und herrutschend das Gewicht zu verlagern. Hier wie auch bei Sattelbeschwerden allgemeiner Art hilft nur das Probesitzen oder besser noch das Probefahren verschiedener Sattelmodelle.

Sättel dürfen nicht zu weich sein, weil sich das Polster sonst schnell durchdrückt und man dann unmittelbar auf der harten Kunststoffschale sitzt. Diese Kunststoffschale sollte mit einer Sitzfläche aus echtem Leder überzogen sein. Leder garantiert nämlich einen hervorragenden Halt, während Lycra-Überzüge eher rutschig ausfallen und im Gelände schnell verunsichern. Sättel aus massivem Kernleder, die ohne stützende Kunststoffschale auskommen, sind für Mountainbikes weniger geeignet. Sie werden durch Schmutz und Feuchtigkeit allzu schnell ruiniert.

Von gefederten Sätteln ist in Verbindung mit einem sportlich gefahrenen Mountainbike ebenfalls abzuraten. Einen sportlichen Fahrstil lassen gefederte Sättel nämlich kaum zu. Gerade bei

Funktioneller, ultraleichter Sattel, montiert auf einer Patentsattelstütze

höheren Trittfrequenzen neigen sie zum Mitschwingen, und außerdem verändert sich während des Pedalierens ständig der Abstand Sattel/Tretlager, was leicht zu Kniebeschwerden führen kann. Aus demselben Grund sind auch gefederte Sattelstützen keine Alternative zu einem gefederten Hinterrad. Bei ihnen schwankt der Abstand Sattel/Tretlager teilweise mehrere Zentimeter, und eine Dämpfung ist meistens auch nicht vorgesehen. Das heißt, das ganze System schwingt teilweise recht abenteuerlich auf und ab. Für Sportler sind gefederte Sattelstützen also kein Thema, vielleicht aber für denjenigen, der gemütlich durch Wälder und Wiesen rollen möchte und für den Fahrkomfort absolute Priorität besitzt.

Sattelstütze

Womit wir bei den Sattelstützen angekommen sind. Insbesondere bei sportlich gefahrenen Mountainbikes müssen sie einiges wegstecken. Die kompakten,

Ein Schnellspanner garantiert eine leicht zu bedienende Klemmung der Sattelstütze

relativ niedrigen Rahmen erfordern zudem eine verhältnismäßig lange Sattelstütze, die dann natürlich entsprechend stark auf Biegung belastet wird. Deshalb entlastet der Crack seine Sattelstütze bei Sprüngen oder Fahrten über Stock und Stein, indem er rechtzeitig aus dem Sattel geht und die Stöße mit Beinen und Armen abfedert.

Die sich nach oben hin verjüngenden Sattelstützen – auch Sattelkerzen genannt – findet man nur noch im unteren Preissegment. Bei ihnen wird der Sattel mittels einer speziellen Schelle, dem Sattelkloben, montiert. Bei den wesentlich eleganteren Patentsattelstützen wird der Sattel direkt montiert und kann mit einer Innensechskantschraube sowohl in der Neigung als auch in Längsrichtung leicht verstellt werden. Bei langen Sattelstützen ist es wichtig, daß sie ausreichend tief im Sitzrohr stecken. 60 Millimeter sind hier das absolute Minimum. Bei extrem langen Sattelstützen, wie sie bei Rahmen mit stark abfallendem Oberrohr notwendig werden, sollten es mehr sein. Auch der Durchmesser muß auf den Zehntel Millimeter genau stimmen, damit die Sattelstütze weder nach unten rutschen, noch im Sitzrohr festklemmen kann. Gefertigt werden die extrem belasteten Stützen aus dem klassischen Material Aluminium und immer häufiger auch aus Cromoly-Stahlrohr sowie teilweise schon aus Carbon. Im Sitzrohr wird die Sattelstütze mit einem Schnellspanner fixiert. So kann die Sitzhöhe – je nach Einsatzzweck – schnell und einfach verändert werden.

Patentsattelstützen gibt es in den unterschiedlichsten Ausführungen mit einer oder zwei Schrauben zur Satteleinstellung. Mitte: Cromoly-Rohr, links und rechts: Aluminium

Tuning und Zubehör

Tuning und Zubehör

Unter Tuning versteht man einen Vorgang, der darauf abzielt, ein technisches Gerät durch gezielte Verbesserungen noch effektiver zu machen. Dies allein reicht aber als Erklärung für den immer größer werdenden Markt an Tuning- Teilen für Mountainbikes nicht aus, denn das Angebot an edlem Zubehör scheint proportional mit der immer perfekter werdenden Ausstattung der Serien-Bikes zu wachsen. Die Sehnsucht, das – wenn auch noch so teure – Serien-Bike von der Stange individuell zu gestalten und zum Unikat zu machen, spielt natürlich ebenfalls eine nicht zu unterschätzende Rolle.

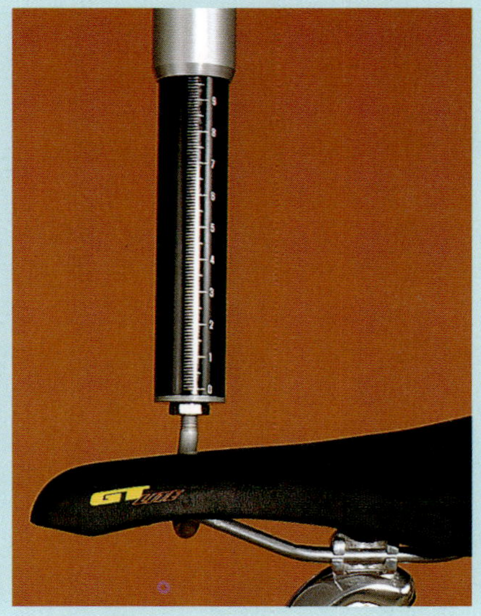

Eine gut gefüllte Geldbörse vorausgesetzt, läßt sich das Gewicht eines Mountainbikes unter die magische 10-kg-Grenze drücken

Waren die Mountainbikes der ersten Jahre noch schwer wie Blei- über ein Gewicht von 15 Kilogramm rümpfte damals keiner die Nase –, so ist heute die 10-Kilo-Grenze längst unterschritten, einen ausreichenden Kontostand als finanzielle Rückendeckung natürlich vorausgesetzt. Hat Mountainbike-Tuning also überhaupt noch einen Sinn? Die Antwort lautet wieder einmal jein. Für denjenigen, der einfach nur Radfahren möchte und dazu ein robustes Bike erwartet, das problemlos funktioniert, lautet die Antwort sicherlich nein. Er wird mit dem heute gebotenen Stand der Technik ohne Nachrüstung bestens zurechtkommen. Wer aber der Faszination Mountainbike verfallen ist, jede freie Minute im Sattel sitzt, die Entwicklung der Technik aufmerksam verfolgt und sein Bike auch selbst wartet und pflegt, der wird immer wieder das eine oder andere verbesserungswürdige Detail entdecken.

Beim Mountainbike-Tuning muß zwischen Gewichts-Tuning und Verbesserungen, die das Bike belastbarer machen, unterschieden werden. Beim Gewichts-Tuning besteht leicht die Gefahr, über das Ziel hinauszuschießen und Bruch zu riskieren. Vor allem beim Lenker und Vorbau sollte die Jagd nach überflüssigem Gewicht nicht übertrieben werden. Materialbedingte Brüche rächen sich hier fast immer auf übelste Weise. Es gibt natürlich auch Punkte am Bike, wo es sich lohnt, den Hebel anzusetzen. Wer schwere Reifen gegen leichte austauscht, kann ohne große Investitionen das Gewicht um bis zu 500 Gramm drücken. Reifen werden hauptsächlich an den Flanken abgespeckt, die Lauffläche ist tabu. Sie muß dick und zäh sein, um scharfe Gegenstände zuverlässig abzuhalten. Leichtere Felgen, Speichen und Speichennippel aus Alu bringen nochmals eine Gewichtsersparnis von bis zu 500 Gramm. Schwergewichtige Fahrer sollten sich aber gut überlegen, wie weit sie hier gehen wollen. Ein ultraleichtes Laufrad gibt bei extremer Belastung natürlich viel eher nach als ein solide gebautes. Auch Speichennippel aus Aluminium dürfen hinterfragt werden. Ein mehrmaliges Nachzentrieren der Speichen überleben sie meist nicht, weil der Vierkant für den Speichenschlüssel im Nu rundgedreht ist. Auch leichtere Naben und leichte Schnellspanner bringen nochmals ein paar Gramm. Die Schnellspanner sollten aber nur in Verbindung mit starren Gabeln abgespeckt werden. Bei Federgabeln kommt es in diesem Bereich auf maximale Stabilität an, ultraleichte Schnellspanner verbieten sich hier von selbst. Alles in allem aber sind die Laufräder dankbare Objekte, um Gewicht zu sparen. Zudem haben leichte Laufräder noch einen weiteren, wesentlichen Vorteil: Die rotierende Masse wird geringer, das Bike läßt sich schneller beschleunigen, und das Lenkverhalten wird spontaner.

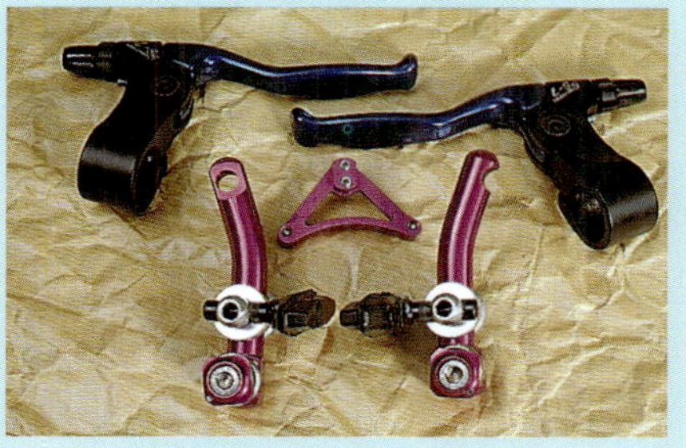

Leichte Zweifingerbremshebel und edle Bremsen helfen Gewicht sparen

Beim Sattel und – mit Einschränkungen – auch bei der Sattelstütze läßt sich ebenfalls noch ganz ordentlich Gewicht sparen. Bis zu 300 Gramm weniger wird die Waage hier bei konsequentem Leichtbau anzeigen. Von hier an aber wird es teuer, und der Zeiger der Waage wird allenfalls noch in Hundert- Gramm-Schritten nach unten wandern. Ein filigraner Bremshebel kann schon mal unter 100 Gramm »Lebendgewicht« kommen, und ein leichter Drehschaltgriff spart weiteres Gewicht, ohne Nachteile bei der Funktion mit sich zu bringen. Bei superleichten Steuersätzen und Innenlagern ist das nicht immer der Fall. »Heavy-Duty-Einsätze« sind nicht unbedingt ihre Stärke, was beileibe nicht heißen soll, daß Leichtteile grundsätzlich nicht lange halten. Mit Pedalachsen aus Titan und mit hochwertigen Kurbeln lassen sich ebenfalls noch ein paar Gramm herausschinden.

Sehr beliebt sind Schraubenkits aus Aluminium oder gar aus Titan, die die serienmäßigen Stahlschrauben ersetzen. Damit wird das Rad nochmals bis zu 150 Gramm leichter. Eine Vorbauschraube aus Alu ist beispielsweise mit unter 20 Gramm deutlich leichter als die über 50 Gramm schwere Stahlschraube. Bei der Verwendung von Alu-Schrauben (vor allem für die Kurbelbefestigung und für den Vorbau) aber gilt: Das entsprechende Teil muß zuerst mit einer Stahlschraube satt angezogen und diese dann durch die gut gefettete Alu-Schraube ersetzt werden. Andernfalls läuft man Gefahr, die Alu-Schraube gleich bei der Montage abzureißen. Das Fazit lautet also: Ein 12-Kilo-Bike nachträglich unter die magische 10-Kilo-Grenze zu bringen, ist in jedem Fall mit erheblichen Kosten verbunden und nicht immer sinnvoll, weil im Extremfall die Belastbarkeit und/oder die Sicherheit leiden.

„Heavy-Duty"-Bikes

Mit einem „Heavy-Duty"-Bike können Sie jeden Weg unter die breiten Stollenreifen nehmen

Wie bereits erwähnt, gibt es auch Biker, die ihr Gefährt ohne Einschränkungen über Stock und Stein jagen möchten und dafür eben ein Mountainbike erwarten, das sich davon nicht beeindrucken läßt. Auf ein paar Gramm mehr oder weniger kommt es hier nicht an. Mit sorgfältig ausgewählten Teilen aufgebaut, muß solch ein „Heavy-Duty"-Bike aber alles andere als bleischwer werden. Auch hier stehen die Laufräder im Tuning-Mittelpunkt. Stabile 36-Loch-Hohlkammerfelgen mit einer Breite von mindestens 26 Millimetern in Verbindung mit robusten Speichen ergeben Laufräder, die so ziemlich alles wegstecken können. Fette Reifen mit einer Breite von deutlich über zwei Zoll garantieren ein souveränes Dämpfungsverhalten und bieten Sicherheit vor den gefürchteten Durchschlägen. Beim Lenker und Vorbau setzen „Heavy-Duty"-Biker auf grundsolide Ausführungen, die gerne auch aus Aluminium bestehen dürfen; sie haben ihr Bike so auch in Extremsituationen immer sicher im Griff. Robuste Lager in Steuersatz,

Innenlager und in den Naben – entweder Rollenlager oder üppig dimensionierte Industrie-Rillenkugellager – überstehen übelste Rüttelpisten völlig unbeeindruckt und machen das Mountainbike auch weitab von der nächsten Werkstatt zum zuverlässigen Untersatz.

Zugegeben, die meisten Mountainbikes werden „nackt" verkauft, das heißt ohne Schutzbleche, Gepäckträger und Lichtanlage. Wer sein Bike als reines Sportgerät nutzt, braucht und möchte solchen Ballast nicht. Weil das Mountainbike aber alles andere als nur ein Sportgerät ist, wird so manch einer über kurz oder lang sinnvolles Zubehör montieren, um sein Bike alltagstauglich zu machen.

Fest montierte Schutzbleche (links) bieten einen etwas besseren Schutz als abnehmbare Steckschutzbleche (rechts)

Schutzbleche

Mag der Sportler es noch akzeptieren, nach jeder Regenfahrt auszusehen wie ein Kurgast nach der Fangopackung, so ist es für den Alltagseinsatz schlichtweg unzumutbar, ständig die komplette Radkleidung in die Waschmaschine stecken und das Bike erst einmal mit dem Wasserschlauch von der Schlammfracht befreien zu müssen. Es muß also ein Spritzschutz her. Den mit Abstand besten Schutz bieten fest montierte „Bleche", die heute fast ausnahmslos aus leichten und zähen Kunststoffen hergestellt werden. Schutzbleche sollten etwa 10 Millimeter breiter sein als der Reifen, weil sonst seitlich zuviel Sprühnebel vorbeikommt. Außerdem sollten sie möglichst weit heruntergezogen sein. Um ein Aufsetzen des vorderen Schutzblechs bei Fahrten über Bordsteine und ähnliche Hindernisse zu vermeiden, hält man das Blech selbst entsprechend kurz und verlängert es dann einfach mit einem flexiblen Gummilappen.

Wem das Herz angesichts des Verlustes der geliebten sportlichen Linie allzu sehr blutet, der kann sich mit Steckschutzblechen behelfen. Am Bike verschraubt werden nur kleine, unauffällige Metallwinkel, auf die die Steckschutzbleche bei Bedarf dann aufgesteckt werden. Steckschutzbleche sind aber ausnahmslos kürzer gehalten als feste Bleche, die ja zusätzlich mit stabilen Streben am Wackeln gehindert werden, und bieten keinen völligen Schutz.

Gepäckträger

Um Handtuch und Badehose zum Schwimmbad zu transportieren, genügt ein einfacher Gepäckträger. Wer aber auf große Tour gehen oder auch einmal den Einkauf transportieren möchte, sollte einen stabilen und absolut verwindungssteif mit dem Rahmen verschraubten Träger wählen. Eine Vierpunktbefestigung – je ein Punkt oben an den Sitzstreben und an beiden Ausfallenden – garantiert, daß sich der Träger auch im Wiegetritt und bei schnellen Abfahrten nicht aufschaukelt. Meist aus etwa 8 Millimeter starkem Aluminium-Draht verschweißt, gibt es auch hochwertige Ausführungen aus Cromoly-Stahlrohr, die kaum schwerer sind.

Soll zusätzlich ein Gepäckträger vorn montiert werden, stehen zwei Möglichkeiten zur Auswahl. Die eine bietet der Lowrider-Gepäckträger, der weit heruntergezogen ist und damit den Schwerpunkt der Packtaschen ziemlich genau auf die Höhe der Vorderradachse bringt. Wird das Mountainbike als Alltagsrad oder gar als Packesel für lange Touren auf befestigten Wegen und Straßen eingesetzt, ist ein Lowrider-Träger die optimale Lösung, weil durch den achsnahen Schwerpunkt das Lenkverhalten kaum beeinträchtigt wird. Bei Fahrten über kleine und verwinkelte Pfade aber würden die tief hängenden Packtaschen immer wieder gegen Hindernisse stoßen. Für Extremtouren abseits ausgebauter Wege ist es daher besser, einen Gepäckträger zu wählen, der über dem Vorderrad montiert wird und der es erlaubt, die Packtaschen weiter oben einzuhängen.

Beleuchtung

Neben je zwei gelben Reflektoren an den Speichen der Laufräder und an den Pedalen sowie einem weißen Front- und einem roten Rückstrahler schreibt der Gesetzgeber eine dynamo-betriebene Lichtanlage mit nicht gerade üppigen drei Watt Gesamtleistung vor. Schade ist, daß eine hochwertige Akku-Beleuchtung – die jeder dynamo-betriebenen Lichtanlage haushoch überlegen ist – nur als zusätzliche Lichtquelle erlaubt ist. Die kümmerlichen 2,4 Watt des Frontscheinwerfers einer gesetzestreuen

Die Scheinwerfer einer hochwertigen Akku-Lichtanlage lassen sich schnell und sicher mittels Spanngurten am Lenker befestigen

Dynamo-Lichtanlage stoßen bei flotter Fahrt schnell an Grenzen. Der Vielfahrer wird also früher oder später zu einer leistungsfähigen Akku-Beleuchtung greifen. Eine Leistung von bis zu 20 Watt (dann häufig in Abblend- und Fernlicht unterteilt) in Verbindung mit einer meist zwischen zwei und drei Stunden liegenden Brenndauer bringt den nachtaktiven Biker sicher durch Nacht und Sturm. Die dafür notwendigen Akkus werden in speziellen Rahmentaschen untergebracht oder auch schon mal elegant in eine Trinkflasche gepackt. Einfache Batterie-Lichter sind wenig empfehlenswert. Die Lichtausbeute ist meist kärglich und die Brenndauer der Batterien extrem kurz.

Hinten helfen äußerst sparsame Diodenrücklichter (Brenndauer teilweise über 200 Stunden), um auch beim Warten an der Ampel rechtzeitig gesehen zu werden. Die von der Straßenverkehrszulassungsordnung (StVZO) geforderte Dynamobeleuchtung läßt den Biker in dieser Situation dagegen buchstäblich im Dunkeln stehen.

Dynamo

Kommen wir zu dem fest am Bike montierten »Kleinkraftwerk«, auch Dynamo genannt. Herkömmliche, über ein Reibrad von der Reifenflanke angetriebene Seitendynamos sind für Mountainbikes meist wenig geeignet. Grobe, weit heruntergezogene Stollen am Reifen vereiteln einen problemlosen

Der Speichendynamo (rechts) ist fürs Mountainbike wie geschaffen. Normale Modelle (links) sind extrem sturzgefährdet, während hinter dem Tretlager montierte Rollendynamos (unten) im Gelände zu schnell verschmutzen

Betrieb, und die exponierte Lage an Sitzstrebe oder Gabelscheide wird dem Dynamo im harten Bike-Einsatz über kurz oder lang den Garaus machen. Deutlich besser ist da schon ein hinter dem Tretlager montierter Walzendynamo; allerdings nur in Verbindung mit einer glatten Reifenlauffläche und abseits schlammiger Pfade. Grobe Stollen verhindern einen effektiven Einsatz nämlich ebenso wie eine permanente Schlammpackung und winterlich verschneite Straßen. Für das Mountainbike ist daher der Speichendynamo sicherlich am besten geeignet. Er wird recht gut vor Nässe und Dreck geschützt an der Vorderradachse montiert und völlig schlupffrei von einem kleinen, in die Speichen greifenden Hebel angetrieben. Weiterer Vorteil: Ein Übersetzungsmechanismus sorgt dafür, daß der Speichendynamo auch schon bei niedrigen Geschwindigkeiten ordentlich rotiert und so auch am Berg eine gute Lichtausbeute liefert. Eine andere sinnvolle Lösung für das Mountainbike sind auf der Felge laufende Dynamos. Um die begrenzte Leistung eines Dynamos

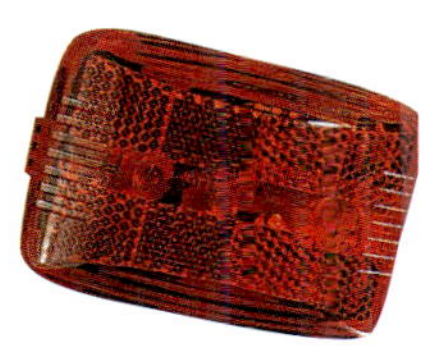

Äußerst sparsame Diodenrücklichter mit Batteriebetrieb machen Sie weithin sichtbar und lassen Sie auch bei Stopps nicht im Dunkeln stehen

(2,4 Watt vorn, 0,6 Watt hinten) optimal auszunutzen, sollten vorn unbedingt ein Halogenscheinwerfer und hinten ein Rücklicht mit einem guten Spiegel-Reflektor verwendet werden.

Fahrradcomputer

In unserer Leistungsgesellschaft reicht der Glaube, schnell zu sein, allein nicht mehr aus. Man muß es sich und anderen auch beweisen können, und das geschieht natürlich am besten digital auf dem Display eines Fahrradcomputers. Spaß beiseite, ein Fahrradcomputer macht ein konsequentes Leistungstraining erst richtig transparent, und auch zur besseren Orientierung auf langen Touren leistet er wertvolle Dienste. Die mechanisch angetriebenen Ungetüme sind längst in den Schaukästen der Antiquitäten-Sammler verschwunden und durch kleine, kompakte und leistungsfähige Modelle ersetzt worden. Neben der aktuellen Geschwindigkeit, die permanent angezeigt wird, registrieren die meisten Fahrradcomputer die Gesamt- und Tageskilometer, errechnen auf Wunsch die Durchschnittsgeschwindigkeit und verfügen über eine Stoppuhr. Anspruchsvollere Versionen merken sich zusätzlich die erreichte Höchstgeschwindigkeit, die Gesamtfahrzeit oder gar die bewältigten Höhenmeter und erlauben es, in Verbindung mit speziellem Zubehör die Trittfrequenz oder den aktuellen Puls des Bikers abzufragen. Wie weit die Selbstkontrolle gehen soll, muß jeder für sich selbst entscheiden.

Am Lenker montiert, erhält der Fahrradcomputer von einem an einer Speiche des Vorderrades angebrachten Magneten in Verbindung mit einem Impulsnehmer an der Gabel die Information der Umdrehungszahl über ein Kabel. Der Abrollumfang des Laufrades wird bei der Montage in den Computer eingetippt, und dieser kann fortan alle gewünschten Informationen errechnen. Immer häufiger wird die Umdrehungszahl des Vorderrades auch drahtlos übermittelt, so daß im Eifer des Gefechts kein Kabel abgerissen werden kann. Die Anzeige sollte möglichst groß und übersichtlich sein, und der Computer sollte ohne langes Gefummel und umständliches Lösen von Kabelverbindungen vom Lenkerhalter abgenommen werden können. Spezielle Modelle für Mountainbikes gibt es nicht. Die herkömmlichen Fahrradcomputer lassen sich auch von dem teilweise mörderischen Gerüttel auf holprigen Abfahrten nicht beirren.

Bordwerkzeug und Werkzeugtaschen

Kompakte Miniwerkzeuge bieten viel und ersetzen so manches umfangreiche Bordwerkzeug

Das Werkzeug für Reparaturen „on the road" wird am besten in einer kleinen, unter dem Sattel montierten Werkzeugtasche untergebracht

Bei Touren in abgelegenere Gegenden ein absolutes Muß: ein vernünftiger Werkzeugsatz! Was aber nützt das superleichte Edel-Bike, wenn das für die Selbsthilfe notwendige Werkzeug dann mit 1000 Gramm zu Buche schlägt? Deshalb sollte das mitgeführte Werkzeug zum einen sorgsam ausgewählt werden und zum anderen möglichst »multifunktional« sein. Ähnlich wie in der Computer-Branche – nur wesentlich unauffälliger – hat sich beim Bike-Werkzeug für unterwegs eine erstaunliche Miniaturisierung vollzogen. Am weitesten verbreitet sind kompakte Taschenwerkzeuge, die ihre Ähnlichkeit mit den legendären Schweizer Offiziersmessern gar nicht erst zu verbergen trachten. Bei Bedarf lassen sich je nach Perfektionsgrad Innensechskant-Schlüssel, Schraubendreher, Maulschlüssel oder gar noch ein Reifenheber ausklappen. Noch raffinierter sind die hauptberuflich als Sattelschnellspanner dienenden nebenberuflichen Ultraleicht-Werkzeuge, bestehend aus Innensechskant-Schlüsseln, Schraubendreher und einem meist noch als Reifenheber zu verwendenden Schnellspannhebel.

Wer dann noch einen kompakten Kettennieter und einen Speichenschlüssel einpackt, dürfte für nahezu alle „Un-Fälle" gewappnet sein. Ziel ist es ja nicht, dem Bike unterwegs eine Generalüberholung zu verpassen, sondern sich notdürftig zu behelfen, um das Tagesziel fahrend statt schiebend zu erreichen.

Verstaut werden die Helfer für die Not am besten in einer Rahmentasche oder noch besser in einer unter dem Sattel montierten Werkzeugtasche. In diese gehören für längere Touren auch Reifenflickzeug, ein Ersatzschlauch für geplatzte Schläuche und Ersatz-Brems- und Schaltzüge. Eine Rolle Isolierband leistet ebenfalls wertvolle Dienste. Eine leistungsfähige, aber nicht zu große Luftpumpe macht das Werkzeug für unterwegs vollständig.

Lenker-hörnchen

Lenkerhörnchen, auch „Bar-Ends" genannt, sind von der Lenkstange eines Mountainbikes nicht mehr wegzudenken. Sind sie montiert, verlieren die bolzengeraden, allenfalls leicht gekröpften Serien-Lenkstangen schlagartig ihren Schrecken. Eingeschlafene Hände gehören damit der Vergangenheit an, und nicht nur auf längeren Touren genießt der Biker die vielfältigen Griffmöglichkeiten. Im Wiegetritt läßt es sich mit „Bar-Ends" wesentlich effektiver am Lenker ziehen, und durch den Griff nach vorn wird Gewicht vorverlagert und die Steigfähigkeit verbessert.

Das Angebot an Lenkerhörnchen ist so vielfältig, daß eigentlich jeder die für seine Hände optimale Form finden wird. Lenkerhörnchen sollen sich in die Hand schmiegen und möglichst griffig sein. Eine geriffelte Oberfläche bietet auch schweißnassen Händen noch sicheren Halt. Wer immer mit Radhandschuhen fährt oder die Hörnchen mit Lenkerband oder Moosgummi bezieht, kann auch glatte Ausführungen wählen. Kurze und gerade Hörnchen ermöglichen nur eine zusätzliche Griffposition, sind dafür aber leichter als Modelle, die oben einen mehr oder weniger langen Bogen nach innen beschreiben und mindestens zwei Griffmöglichkeiten bieten.

Bei der Art der Montage gibt es zwei Möglichkeiten: die Innen- und die Außenklemmung. Die Innenklemmung hat den Vorteil, daß der Übergang vom Lenker zu den „Bar-Ends" recht glatt verläuft und dadurch beim Greifen nicht unangenehm auffällt. Die wirksame Lenkerbreite in der normalen Griffposition bleibt dabei erhalten. Ultraleichte Lenker können im Extremfall durch die Klemmvorrichtung, bei der – vergleichbar einem Lenkervorbau – ein Keil im Lenker verspannt wird, platzen. Bei Leichtbaulenkern empfiehlt sich deshalb in jedem Fall die Außenklemmung in Verbindung mit einer ins Lenkerende gesteckten, genau passenden Verstärkungshülse. Bei der Außenklemmung müssen die Griffgummis sowie Brems- und Schalthebel etwas nach innen versetzt werden.

Brake-Booster

Eine gute Felgenbremse allein – ganz gleich ob Cantilever- oder Hydraulikbremse – ergibt noch keine optimale

Ein „Brake-Booster" versteift die Bremssockel und führt so zu einem besseren Druckpunkt der Bremse

Verzögerungsanlage. Die Anlötsockel an Gabel bzw. Sitzstreben werden nämlich, vor allem wenn sie zu schwach dimensioniert sind, während des Bremsvorgangs mehr oder weniger stark nach außen gebogen. Je brutaler die Bremse zupackt, desto mehr geben natürlich die Anlötsockel nach. Der Bremsdruck und damit die Bremsleistung können nur so lange erhöht werden, wie die Anlötsockel dem Bremsdruck standhalten. Um eine gute Felgenbremse noch besser zu machen, muß also ein „Brake-Booster" – ein Brems-Verstärker – her. Ein Brake-Booster ist nichts anderes als ein Versteifungsbügel, der die Anlötsockel miteinander verbindet und sie deutlich versteift.

Brake-Booster werden meist aus Aluminium, teilweise aber auch aus Titan, Magnesium oder gar aus Carbon gefertigt und sorgen dafür, daß mehr Bremskraft auf die Felge gelangt. Auch der Druckpunkt der Bremse wird exakter, das heißt, die Bremskraft läßt sich auch besser dosieren. In Verbindung mit Federgabeln garantieren Brake-Booster auch während des Bremsvorgangs ein sauberes Ansprechverhalten der Gabel.

Radrucksäcke

Wer mit seinem Bike in schwierigem Gelände unterwegs ist, wird – im Gegensatz zum Reiseradler – mit Packtaschen nicht allzu glücklich werden. Für Mountainbike-Touren ist ein guter Radrucksack die bessere Möglichkeit, Gepäck zu transportieren. So bleibt das Fahrverhalten des Bikes nahezu erhalten, und man ist wesentlich agiler als mit Packtaschen. Radrucksäcke schränken aufgrund des schmalen Schnitts die Bewegungsfreiheit nicht ein und sollten möglichst eng am Körper anliegen. Durch entsprechende Luftkanäle an der Rückseite wird der unvermeidliche Wärmestau am Rücken etwas abgemildert. Die Schultergurte sollten gut gepolstert sein und durch einen Brustgurt zusätzlich in ihrer Position

Gute Radrucksäcke sind am Rücken belüftet, schmal geschnitten und verfügen über eine bei Bedarf überziehbare Regenschutzhülle

verändert werden können. Der Hüftgurt hat dagegen nicht die Bedeutung wie beispielsweise bei einem Trekkingrucksack; er sorgt aber dafür, daß die Last nicht unkontrolliert hin und her schwingen kann. Durch die mehr oder weniger stark nach vorn geneigte Sitzposition beim Biken liegt die Hauptlast ja auf dem Rücken, und es kann kaum Gewicht auf die Hüften verlagert werden. Deshalb sollte die Rucksack-Rückseite auch vernünftig gepolstert sein. Für Bike-Touren ebenfalls gut geeignet sind die schmal geschnittenen Kletterrucksäcke. Achten Sie aber darauf, daß die Schultergurte ganz oben am Rucksack ansetzen. So wird vermieden, daß der Helm ständig gegen den zu weit oben sitzenden Rucksack stößt.

Das Volumen eines Rucksacks für kürzere Bike-Touren sollte nicht viel mehr als 25 Liter betragen; für längere Touren sind 40 Liter die absolute Obergrenze. Bei der Zuladung sollten 10 Kilogramm möglichst nicht überschritten werden. Mit über 15 Kilo wird es schon kriminell, denn der hohe Schwerpunkt macht es nahezu unmöglich, auf schwierigen Passagen das Gleichgewicht zu halten, und mit jedem gefahrenen Kilometer drückt die Last schwerer ins Kreuz.

Eine integrierte, bei Bedarf überziehbare Regenhülle schützt nicht nur den Rucksackinhalt vor Feuchtigkeit, sondern auch den Rucksack selbst vor hochgeschleudertem Schlamm. Reflexstreifen helfen, den Biker bei Straßenfahrten weithin sichtbar zu machen, und Halterungen bzw. leicht zugängliche Außentaschen für Helm, Luftpumpe, Werkzeug und Trinkflaschen machen den Radrucksack zu einer runden Sache.

Packtaschen

Wer eine längere Tour – möglicherweise sogar mit Zelt und Schlafsack – plant, dem reicht ein Rucksack sicherlich nicht aus. Es müssen also Packtaschen her. Achten Sie auf ein solides Aufhängungssystem in Verbindung mit einer möglichst steifen Rückseite. Bei guten Aufhängungssystemen sind die Haken in Schienen verschiebbar angebracht und ermöglichen eine optimale Ausrichtung der Taschen am Gepäckträger – wichtig vor allem bezüglich der Fersenfreiheit. Sie können notfalls auch ausgetauscht werden. Die steife Rückseite verhindert zuverlässig, daß vor allem eine nicht ganz volle Packtasche in die Speichen gerät. Angenähte Kompressionsgurte helfen zusätzlich, die Zuladung am Herumschaukeln zu hindern, und eine stramme Abspannung über Gummis oder Gurte nach unten garantiert, daß die Packtaschen auch auf Rüttelpisten an ihrem Platz bleiben.

Bezüglich der Verarbeitung müssen Sie sich zwischen vernähten und verschweißten Modellen entscheiden. Erstere sind

nie ganz wasserdicht, weil Feuchtigkeit zumindest an den Nähten eindringen kann. Mit speziellen Regenhüllen oder einfach mit in Plastiktüten verpackter Ausrüstung läßt sich dieses Problem aber einfach in den Griff bekommen. Wirklich wasserdicht sind nur Taschen aus verschweißtem Gewebe. Geben Sie dabei Taschen aus mit Polyurethan beschichtetem Nylongewebe den Vorzug. Sie sind wesentlich umweltfreundlicher als PVC-beschichtete Gewebe. C steht für Chlor, ein gefährliches Umweltgift.

Für gelegentliche Kurztrips übers Wochenende brauchen Sie Ihr Konto sicherlich nicht unnötig stark zu belasten. Einfache Packtaschen werden Sie lange Zeit zufriedenstellen. Für längere Touren aber sollten Sie nur beste Qualität kaufen. Kaum ein anderer Ausrüstungsgegenstand wird so strapaziert wie die Packtaschen. Einzeltaschen sind immer die bessere Wahl, weil sie einfacher zu beladen sind und auch nicht so umständlich befestigt werden müssen wie Taschen, die aus drei Fächern bestehen und an einem Stück wie ein umgedrehtes U über den Gepäckträger gehängt werden.

Mit Packtaschen und Lenkertasche ausgerüstet, wird das Mountainbike zum zuverlässigen Lastesel

Trinkflaschen und Flaschenhalter

Heimweh wird wohl kaum ein Biker auf seinen einzigartigen Entdeckungstouren in grandioser Berglandschaft verspüren. Vor Durst aber ist keiner gefeit, und ohne ausreichende Wasservorräte wird der Durst, der ja bekanntlich schlimmer ist als Heimweh, mit jedem gefahrenen Kilometer mehr zur Qual; ganz abgesehen von der Notwendigkeit, auf einer schweißtreibenden Tour viel und regelmäßig zu trinken. Der Biker braucht seinen eigenen Trinkwasserspeicher.

Zwei Flaschenhalter samt Trinkflaschen gehören an jedes Bike

Deshalb gehört ein Flaschenhalter mit Trinkflasche ans Bike. Dann ist das erfrischende Naß auch während der Fahrt ständig griffbereit. Trinkflaschen gibt es aus flexiblem Kunststoff und als Alu-Flaschen, deren über kurz oder lang entstehende Beulen zwar (minimal) das Volumen verringern, die dadurch aber erst so richtig wertvoll werden. Erzählt jede Beule doch ihre eigene Geschichte. Weiche Flaschen aus Kunststoff haben den Vorteil, daß man das Getränk durch Zusammendrücken der Flasche in den Mund spritzen kann und nicht auch noch, möglicherweise gerade völlig außer Atem, mühsam daran saugen muß. Wählen Sie die großen Ausführungen mit 0,7 oder 0,8 Liter Inhalt, und nehmen Sie auf längeren Touren zwei Flaschen mit. 0,7 Liter sind bei sommerlichen Temperaturen spätestens nach der ersten Stunde durch die durstige Kehle gelaufen. Der Flaschenhalter muß vor allem stabil sein. Billige Ausführungen aus dünnem Alu-Draht werden im Nu abgeschüttelt. Überhaupt sind Flaschenhalter aus Kunststoff keine schlechte Wahl: Alu-Flaschen klappern nicht, beim Herausnehmen quietscht es nicht, und man bekommt – egal ob Kunststoff- oder Alu-Flasche – keine schwarzen Finger mehr, weil im Gegensatz zu Alu-Haltern kein Abrieb mehr entstehen kann.

Gerade bei ausgedehnten, schweißtreibenden Bike-Touren ist es wichtig, viel und regelmäßig zu trinken

Wer viel und lange fährt, kommt auch mit zwei Flaschen am Bike nicht weit. Für diese Extrem-Biker haben findige Tüftler eine Art des Wassertransports ersonnen, die den Überlebenskünstlern der Wüste abgeschaut wurde. Ähnlich einem Kamel, das seine Wasservorräte im Höcker speichert, trägt der Biker sein Wasser auf dem Buckel. Damit er dabei nicht aussieht wie der Glöckner von Notre Dame, sind die 1,5 Liter in einem flachen Kunststoffbeutel untergebracht, der wie ein Rucksack umgeschnallt wird und auch unter dem Trikot getragen werden kann. Ein Schlauch mit einem speziellen Ventilstück erlaubt es, während der Fahrt zu trinken, ohne die Hände vom Lenker nehmen zu müssen. Ein Tip zum Schluß: Trink-Rucksack und Trinkflaschen lassen sich leicht und gründlich mit Gebißreiniger säubern, sollten sich einmal Rückstände gebildet haben.

Verschiedenes Zubehör

Ohne Ständer am Mountainbike läßt es sich problemlos leben, und für den sportlichen Fahrer ist er sogar völlig überflüssig. Wer aber viele Alltagsfahrten absolviert, wird ihn – sofern vorhanden – regelmäßig nutzen. Als am besten geeignet, weil auch mit viel Gepäck auf dem Bike noch sehr standfest, hat sich ein hinten am Ausfallende angebrachter Seitenständer erwiesen.

Pfiffig ist auch eine „Hite-Rite" genannte Sattelverstellfeder. Sie erlaubt es, den Sattel während der Fahrt ohne anzuhalten – beispielsweise für eine steile Abfahrt – tiefer zu stellen. Dazu wird einfach der Sattelschnellspanner gelöst, der Sattel nach unten gedrückt und der Schnellspanner wieder angezogen. Die Hite-Rite-Feder wird dabei zusammengedrückt und bringt den Sattel, wird der Schnellspanner erneut geöffnet, wieder automatisch in die Ausgangsposition zurück. Diese Feder wird einfach zwischen Sattelschnellspanner und Rahmen montiert und mit einer Schelle an der Sattelstütze fixiert und erschwert damit außerdem auf Sättel spezialisierten Langfingern den spontanen Zugriff.

Ein Schutzbügel für das Schaltwerk verhindert folgenschweren Bruch, sollte das Bike einmal umfallen oder gar mitsamt seinem Reiter zu Boden gehen. Bedingt schützt solch ein Bügel auch gegen Äste, die ebenfalls in der Lage sind, Attentate auf die Funktionsfähigkeit der Schaltung zu verüben. Wer dazu neigt, sein Bike gelegentlich mit einem für militärische Zwecke konzipierten Kettenfahrzeug zu verwechseln, wird sich über eine „Rockring" genannte Kettenschutzscheibe aus massivem Aluminium freuen. Neben dem großen Kettenblatt montiert, schützt sie diese bei Bodenkontakt zuverlässig vor verbogenen Zähnen oder dem völligen Verlust derselben. Wer diesen an sich unnötigen Bodenkontakt zu vermeiden weiß, kann sich das nicht gerade leichte Zubehörteil sicherlich sparen.

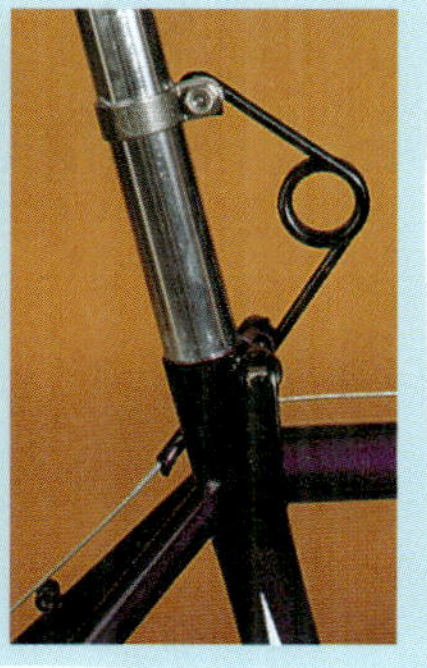

links:
Ein am linken hinteren Ausfallende montierter Seitenständer sorgt auch bei beladenem Bike für einen sicheren Stand
rechts:
Die an der Sattelstütze montierte „Hite-Rite-Feder" ermöglicht es Ihnen, die Sattelhöhe auch während der Fahrt zu verstellen

Ein massiver Kettenschutzring aus Aluminium verhindert Zahnausfall an den Kettenblättern bei allzu ruppiger Gangart

Der Kettenstrebenschutz schont den Lack und verhindert, daß eine „peitschende" Kette zwischen Kettenstrebe und Reifen gezogen wird (oben)

Ein „Anti-Chain-Suck-Device" genanntes Metallprofil verhindert – unter der Kettenstrebe montiert –, daß die Kette nach oben gezogen werden kann und den Rahmen beschädigt (unten)

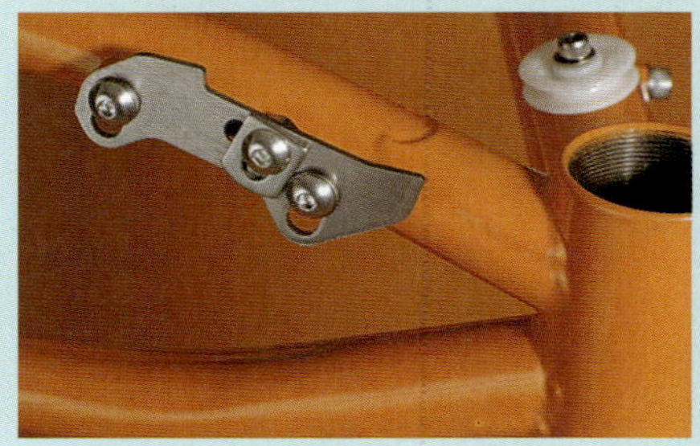

Auf den ersten Blick ebenfalls etwas überzogen mutet ein anderes Zubehörteil an. High-Tech-Kritiker, mit 21 oder gar 24 Gängen ohnehin schon an der Grenze ihrer Technik-Akzeptanz angelangt, schütteln angesichts eines vierten, extrem kleinen Kettenblattes vorn nur noch verständnislos den Kopf. Wer aber schon ausgedehnte Bergtouren – womöglich sogar mit viel Gepäck – unternommen hat, weiß, daß auch der kleinste Gang eines Mountainbikes Grenzen setzt. Wenn es nach zahlreichen und beschwerlichen Kilometern abends allmählich dämmert und hinter einer Kehre plötzlich noch ein weiterer Anstieg auftaucht, schlägt die Stunde des vierten Kettenblattes. Es wird also nicht nur deshalb montiert, um unbedingt noch steilere Anstiege bewältigen zu können, sondern auch als Reserve für ausgepowerte Beine. Für die nicht immer ganz einfache Montage kann unter Umständen eine etwas längere Tretlagerwelle notwendig werden. Ob ein viertes Kettenblatt montiert und vor allem auch problemlos geschaltet werden kann, sollte je nach Bike und montierter Schaltung mit einem kompetenten Händler abgeklärt werden.

Ein auf die rechte Kettenstrebe geklebter Schutz schließlich hindert die peitschende Kette daran, den Lack zu beschädigen. Ist dieser Kettenstrebenschutz vorn in unmittelbarer Nähe zum Reifen zusätzlich noch mit einer an eine Haifischflosse erinnernden Nase versehen, dann wird zudem zuverlässig verhindert, daß eine springende Kette sich von oben in dem schmalen Spalt zwischen Reifen und Kettenstrebe verklemmt. Eine unter dem Tretlager montierte Metallplatte verhindert, daß die Kette von unten her zwischen Reifen und Kettenstrebe gelangt. Bei hochwertigen Rahmen aus extrem dünnwandigem Rohr könnte solch ein „Chain Suck" zu unangenehmen Schäden führen, wenn das hauchdünne Rohr – im schlimmsten Fall – durch die Kette aufgerissen wird.

Der Mountainbike-Kauf

Der Mountainbike-Kauf

Überwältigt von dem schier unüberschaubaren Angebot an Mountainbikes, hat schon so mancher Kaufwillige frustriert und völlig verwirrt fluchtartig den Radladen wieder verlassen. Nicht genug, daß es zahlreiche Hersteller, die unterschiedlichsten Preisklassen und die verschiedensten Ausstattungsvarianten gibt. Der potentielle Mountainbike-Käufer muß sich auch noch für eine der oftmals recht unterschiedlichen Philosophien der Hersteller in bezug auf die Rahmengeometrie, das Rahmenmaterial und die Verarbeitungsweise entscheiden. Deshalb ist es äußerst wichtig, sich Klarheit zu verschaffen, wo und wie das künftige Traum-Bike eingesetzt werden soll. Soll es ein Alltagsrad mit Allround- Qualitäten für den Stadt- und Urlaubseinsatz sein, oder liegt der Schwerpunkt mehr auf sportlich orientierten Touren und nur gelegentlich im Alltagseinsatz. Wenn sich Mountainbikes überhaupt in klar abgegegrenzte Kategorien einteilen lassen, dann wären noch die reinrassigen Sport-Bikes zu nennen: sei es nun ein vollgefedertes Downhill-Bike, ein Cross- Country-Renner oder ein Mountainbike für extreme Klettertouren. Mit den von Ihnen festgelegten Eckdaten und den Technik--Informationen aus diesem Buch sollte es Ihnen möglich sein, die überwältigende Vielfalt auf dem Mountainbike-Markt transparenter zu machen und die für Sie uninteressanten Bikes links liegen zu lassen.

In guten Mountainbike-Läden finden Sie eine überzeugende Auswahl an Einsteiger-, Mittelklasse- und Profi-Bikes

Das Preis-Leistungs-Verhältnis

Das teuerste Bike muß nicht unbedingt das beste sein, und das preiswerte Rad muß nicht unbedingt eine schlechte Wahl darstellen.

Deshalb sollte auch der Kaufpreis nicht das erste Auswahl-Kriterium sein. Drei Fragen sollten Sie sich in diesem Zusammenhang stellen. Nämlich erstens: was habe ich vor? Zweitens: was für ein Mountainbike brauche ich dafür? Und drittens: wo oder wie bekomme ich dieses Bike am günstigsten? Natürlich wußten auch schon die alten Philosophen: „De nihilo nihil fit“ oder zu deutsch: „Von nichts kommt nichts.“ Ganz klar, ein Bike für 500 Mark oder gar noch weniger aus dem Kaufhaus, aus dem Versandkatalog oder aus dem Supermarkt kann nicht zufriedenstellen. Zudem ist meist keiner für den Service zuständig, und den brauchen Sie bei solchen Billig-Bikes oft schneller, als Sie denken. Also Finger weg von allzu verlockenden Billigst-Angeboten!

Für rund 1000 Mark bekommt der nicht allzu verwöhnte Biker schon ein ganz ordentliches Mountainbike. Wer Tausende von Kilometern im Jahr abspult, wird natürlich mit entsprechendem Verschleiß rechnen müssen und sich über das relativ hohe Gewicht beklagen. Alle diejenigen aber, die deutlich weniger Jahreskilometer sammeln, dürften damit lange Zeit ihren Spaß haben. Der Rahmen ist in dieser Preisklasse robust, Alu-Felgen sind Standard, und die Ausstattung ist fast immer auf dem neuesten Stand der Technik. Richtig interessant wird es dann in der Preisklasse bis 2000 Mark. Gerade im Bereich der Bikes, für die zwischen 1500 und 2000 Mark hingeblättert werden müssen, herrscht ein harter Konkurrenzkampf, der für ein recht gutes Preis-Leistungs-Verhältnis sorgt. In dieser Preisklasse lassen sich schon viele Wünsche erfüllen. Die Bikes sind mit recht leichten und trotzdem stabilen Rahmen ausgestattet, und Schaltung und Bremsen bieten neben dem Status quo der Technik bereits eine sehr gute Langzeitqualität. In die höheren Preisregionen – Bikes für an die 10 000 Mark sind da keine Seltenheit mehr – werden sich nur diejenigen begeben, die sehr genau wissen, was sie haben möchten, und die bereit sind, den entsprechenden Preis dafür zu bezahlen. Oft werden Bikes in dieser Preiskategorie auch nach den individuellen Wünschen des Käufers aufgebaut oder zumindest modifiziert. Ein Bike für 4000 Mark kann für den engagierten Biker doppelt so gut sein wie eines für 2000 Mark, muß es aber nicht. Der mitbezahlte Anteil für das Prestige ist oftmals nicht eben gering. Andererseits haben entsprechende Leichtbauteile – sie erst bringen ein Bike unter die magische 10-Kilo-Grenze – , perfekte Federungssysteme, bärenstark zupackende Bremsen und geringe Stückzahlen ihren Preis.

Wenn Sie Ihr Bike das ganze Jahr über einsetzen, lohnt es sich allemal, in ein hochwertiges Bike zu investieren

Es muß nicht unbedingt ein neues Mountainbike sein. Ein gut gepflegtes Bike in der richtigen Rahmenhöhe stellt eine echte Alternative dar

Und warum soll ein begnadeter Rahmenbauer, der eine Geometrie verwirklicht hat, die das Mountainbike regelrecht zu einem Teil seines Fahrers werden läßt, und der traumhaft schöne Schweißnähte produziert, nicht auch seinen wohlverdienten Lohn erhalten?

Neu oder gebraucht?

In diesem Zusammenhang taucht über kurz oder lang natürlich auch die Frage auf, ob ein gebrauchtes Bike nicht eine erwägenswerte Alternative zum Neukauf darstellt. Diese Frage kann leicht beantwortet werden. Bei Billigsträdern lautet die Antwort schlichtweg: Nein. Ärger wäre hier schon beim Kauf programmiert, und die gesparten Hundertmarkscheine wiegen die nachfolgende Enttäuschung nicht auf. Ganz anders sieht der Fall dagegen bei hochwertigen Gebraucht-Bikes aus. Gute Pflege vorausgesetzt, spricht nichts gegen ein gutes Mountainbike aus zweiter Hand. Sie müssen aber unbedingt auf die richtige Rahmenhöhe achten.

Vorjahresmodelle

Eine weitere hervorragende Möglichkeit, Geld bei der Anschaffung zu sparen, sind Vorjahresmodelle. Weil die Händler meist schon im Vorjahr ihren Bedarf ordern müssen, bleiben sie natürlich immer wieder auf einigen Reststücken sitzen. Sei es nun wegen der Farbe, einer ausgefallenen Rahmenhöhe oder einer wenig populären, trotzdem aber funktionellen Ausstattung. Nichts spricht dagegen, daß unter diesen Bikes genau das richtige Modell für Ihre Bedürfnisse zu finden ist.

Die richtige Rahmenhöhe

So wichtig die Rahmenhöhe in bezug auf eine optimale Sitzposition und effektive Kraftübertragung ist, so wenig läßt sie sich allgemeingültig nach einer kurzen Formel auf den Zentimeter genau bestimmen. Um die für Sie theoretisch richtige Rahmenhöhe zu ermitteln, stellen Sie sich mit schulterbreit gespreizten Beinen ohne Schuhe auf und klemmen sich waagerecht ein Lineal oder gleich eine Wasserwaage zwischen die Beine. Messen Sie jetzt Ihre Innenbeinlänge vom Boden bis zum Schritt. Dieser Wert, mit dem Faktor 0,65 multipliziert, ergibt in der Praxis die für den Straßen-, Alltags- und Toureneinsatz richtige Rahmenhöhe für Ihr Mountainbike. Dabei sollte die Schrittfreiheit in etwa bei für diese Einsatzbereiche ausreichenden drei Zentimetern liegen. Für den sportlichen Mountainbike-Einsatz ist dies aber viel zu wenig. Die Schrittfreiheit sollte hier mindestens acht Zentimeter betragen, etwa eine Handbreit. Von dem errechneten theoretischen Wert ziehen sportliche Biker deshalb etwa fünf bis acht Zentimeter ab. Weiterer Vorteil eines kleineren Rahmens: er wird steifer, damit belastbarer und zudem leichter. Oft wird die Rahmenhöhe von den Mountainbike-Herstellern in Zoll angegeben.

Zusätzlich wird die ganze Angelegenheit durch die Rahmenbauweise kompliziert. Die eben beschriebene Vorgehensweise bezieht sich auf einen Rahmen mit waagerechtem Oberrohr, wo die Rahmenhöhe von Mitte Tretlagerachse bis Oberkante Oberrohr gemessen wird. Bei einem Rahmen mit abfallendem Oberrohr wird dagegen bis zur gedachten Linie eines waagerecht verlaufenden Oberrohres gemessen. Dank des abfallenden Oberrohres muß der sportliche Biker dann nicht mehr viel von dem errechneten Wert abziehen, um einen Rahmen mit ausreichender Schrittfreiheit zu erhalten.

Worauf Frauen achten sollten

Weil Frauen meist einen etwas kürzeren Oberkörper und kürzere Arme in Relation zur Körpergröße haben als Männer, führt die ermittelte Rahmenhöhe bei ihnen nicht zwangsläufig zu einem optimal passenden Mountainbike. Die Sitzposition wird leicht zu gestreckt, denn das Oberrohr ist meist zu lang. Deshalb bieten einige wenige Mountainbike-Hersteller spezielle Damen-Modelle mit entsprechend kürzerem Oberrohr an. Aber auch ein kleinerer Rahmen führt zur richtigen Oberrohrlänge. Die optimale Sitzposition erfordert dann aber eine etwas längere Sattelstütze. Über die Vorbaulänge allein sollte ein allzu langes Oberrohr möglichst nicht korrigiert werden, weil dadurch unter Umständen das Lenkverhalten ungünstig verändert wird.

Die meisten Bremshebel – auf jeden Fall aber die besseren Versionen – lassen sich in ihrem Abstand zum Lenker einstellen. Zarte Frauenhände werden also in der Regel keine Probleme mit dem Greifen haben. Spezielle Damenrahmen sind zumindest für die sportliche Bikerin nicht empfehlenswert. Sie sind bei weitem nicht so stabil wie beispielsweise ein klassischer Diamantrahmen und, weil heute kaum noch eine Frau im Rock in den Sattel steigen wird, auch ohne Vorteil.

Die Sitzposition

Die für viele Einsteiger auf den ersten Blick so bequeme aufrechte Sitzposition erweist sich in der Praxis schnell als mit gravierenden Nachteilen behaftet. Prak-

Um einem aufsteigenden Vorderrad an steilen Anstiegen entgegenzuwirken, rutscht der Biker auf dem Sattel leicht nach vorn und greift den Lenker an den Barends

tisch das gesamte Gewicht des Oberkörpers lastet dabei auf dem Sattel, Sitzbeschwerden sind die Folge, und jede Fahrbahnunebenheit schlägt voll auf die Wirbelsäule durch. Wer jetzt sein Heil in einem üppig gepolsterten und satt gefederten Sattel sucht, wird vielleicht etwas bequemer sitzen, effektives Pedalieren aber wird dadurch endgültig unmöglich gemacht.

Völlig anders sieht es dagegen bei einer Sitzposition mit etwa um 45 Grad nach vorn geneigtem Oberkörper aus. Das Gewicht des Oberkörpers wird dabei gleichmäßig auf Lenker und Sattel verteilt. Von der Fahrbahn herrührende Schläge werden deutlich abgemildert, und das effektive Pedalieren mit einer hohen Trittfrequenz wird dadurch erst ermöglicht. Außerdem kann bei solch einer sportlichen und auf längeren Touren sogar wesentlich bequemeren Sitzposition auch die Muskulatur des Gesäßes und des unteren Rückenbereiches mit eingesetzt werden. Der Druck auf die Pedale wird größer und der Luftwiderstand geringer.

Der Tip an alle Einsteiger: Gewöhnen Sie sich so früh wie möglich an eine sportlich nach vorn geneigte Sitzhaltung. Mit einem Lenker, der mehrere Griffmöglichkeiten bietet, können Sie mal entspannter, mal sportlicher sitzen und so auch auf unterschiedliches Terrain reagieren.

Verfallen Sie jetzt bei aller Begeisterung für die aufgezählten Argumente aber nicht ins andere Extrem. Die Sitzposition auf dem Mountainbike sollte die goldene Mitte darstellen. Für steile Anstiege müssen Sie nämlich in der Lage sein, aus der Grundposition heraus nach vorn zu rutschen, um Gewicht aufs Vorderrad und kräftig Druck auf die Pedale zu bringen. Umgekehrt muß auch die Möglichkeit bestehen, bei Steilabfahrten das Körpergewicht weit nach hinten über den Sattel hinaus über das Hinterrad zu verlagern. Damit verhindern Sie den gefürchteten Überschlag über den Lenker und belasten das Hinterrad für den Bremsvorgang.

Einstellung von Sattel, Lenker und Bedienungselementen

Neben dem Neigungsgrad des Oberkörpers ist die Sitzhöhe das wichtigste Maß in bezug auf eine optimale Sitzposition und vor allem in bezug auf die Effizienz der Kraftübertragung. Bevor wir näher auf die Sitzhöhe eingehen, hier zunächst die richtige Reihenfolge zur Einstellung von Sattel, Lenker und Bedienungselementen:

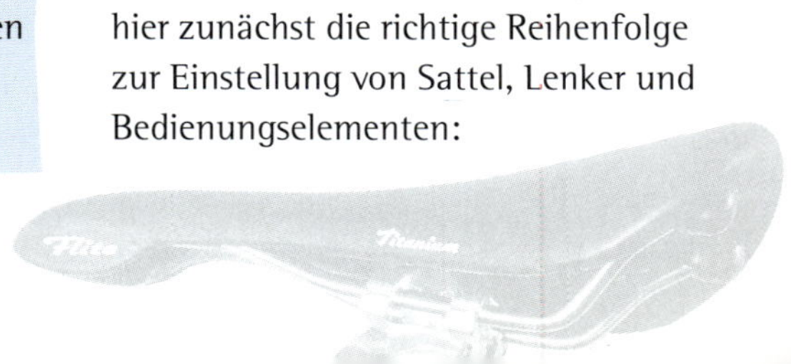

1. ***Wahl der richtigen Rahmenhöhe***
2. ***Einstellung der Sitzhöhe (Sattelhöhe)***
3. ***Einstellung des Sattels (Neigung und Längsposition)***
4. ***Wahl des richtigen Vorbaus***
5. ***Einstellung der Höhe der Vorbau-Lenker-Einheit***
6. ***Lenkerbreite bestimmen***
7. ***Schalt- und Bremshebel ergonomisch ausrichten***

Nachdem die Wahl der richtigen Rahmenhöhe bereits behandelt wurde, kommen wir gleich zu Punkt 2: Einstellung der Sitzhöhe. Der richtige Wert läßt sich rechnerisch ermitteln, indem Sie Ihre Innenbeinlänge mit dem Faktor 0,885 multiplizieren. Auf diesen Wert sollte der Abstand von der Tretlagerachsenmitte bis zur Satteloberkante eingestellt werden. Die Sitzhöhe läßt sich aber auch ohne Zollstock und Taschenrechner recht genau bestimmen: Setzen Sie Ihren Fuß mit der Ferse aufs Pedal, wenn dies im unteren Totpunkt steht. Das Kniegelenk bildet dabei bei richtig eingestellter Sitzhöhe einen Winkel von genau 180 Grad. Beim Pedalieren, wenn der Fuß mit dem Ballen über der Pedalachse steht, soll das Kniegelenk in der beschriebenen Pedalstellung einen Winkel von etwa 175 Grad bilden. Mit dieser Einstellung liegen Sie nie daneben. Experimentieren Sie nach den ersten ausgiebigen Fahrten aber ruhig etwas mit der Sattelhöhe. Der für Sie optimale Wert kann gut und gern etwas über oder unter dem theoretisch ermittelten liegen. Verändern Sie die Sattelhöhe maximal um einen Zentimeter, und fahren Sie ausgiebig, bevor Sie sie erneut verändern. Haben Sie Ihre optimale Sitzhöhe gefunden, überprüfen Sie kurz, ob die Sattelstütze noch mindestens 60 Millimeter tief im Sitzrohr steckt.

Ebenfalls wichtig für eine optimale Kraftentfaltung auf dem Bike ist die Neigung des Sattels sowie seine Position in Längsrichtung. Bei einer Patentsattelstütze werden beide Werte über die von unten zugängliche Schraube eingestellt bzw. fixiert. Die Satteloberkante sollte immer waagerecht ausgerichtet werden, allenfalls ganz leicht nach vorn geneigt sein. Dadurch wird jegliches ungewollte Hin- und Herrutschen auf dem Sattel verhindert. Die richtige Position in Längsrichtung haben Sie gefunden, wenn die Mitte Ihres Kniegelenks bei waagerecht nach vorn zeigender Kurbel genau über der Pedalachse steht. Dies ist ebenfalls ein Mittelwert, mit dem zu experimentieren sich für den engagierten Biker lohnen kann. Wer mit konstant hoher Trittfrequenz fährt, kann den Sattel so einstellen, daß die Kniegelenksmitte etwas vor der Pedalachse liegt. An Steilanstiegen, die hohe Tretkräfte erfordern, kann es dagegen vorteilhaft sein, wenn das Kniegelenk etwas hinter der Pedalachse liegt.

Nun zu Punkt 4 und 5. Wenn Sie Ihren Rahmen sorgfältig ausgewählt haben, sollte sich durch die richtige Oberrohrlänge und den serienmäßig montierten Vorbau die gewünschte Neigung des Oberkörpers ganz von allein ergeben. Eine Feinabstimmung können Sie noch durch die Höhe der Lenker-Vorbau- Einheit vornehmen. Für eine sportliche Sitzposition sollte der Lenker auf gar keinen Fall über der Sattelhöhe liegen. Je nach Neigungsgrad des Oberkörpers dürfte der Lenker bei richtiger Einstellung etwa drei bis acht Zentimeter tiefer liegen als der Sattel. Achten Sie hier aber – wie schon bei der Sattelstütze – darauf, daß der Vorbau noch ausreichend tief im Gabelschaftrohr steckt, also mindestens 60 Millimeter. Sollte der Verstellbereich des Vorbaus nicht ausreichen, oder handelt es sich um einen Vorbau in Verbindung mit einem Aheadset- Steuersatz, der zwar umgedreht montiert, in der Höhe aber nicht verstellt werden kann, hilft nur ein anderer Vorbau mit entsprechend flacherem bzw. steilerem Winkel weiter. Sollte die Neigung Ihres Oberkörpers nicht ganz optimal sein, kann der Abstand Sattel- Lenker also in gewissen Grenzen mit einem kürzeren bzw. längeren Vorbau korrigiert werden.

Beim „Aheadset"-Steuersatz kann der Vorbau zwar umgekehrt montiert, in der Höhe aber nicht verstellt werden

Auch die richtige Breite des Lenkers läßt sich nicht pauschal und auf den Zentimeter genau festlegen. Die 60 Zentimeter oder gar noch breiteren Stangen der Anfangszeit aber sind längst out. 55 Zentimeter, teilweise sogar etwas darunter, sind ein guter Wert. Noch ein Tip in diesem Zusammenhang: Weil der Körperbau bei vielen Menschen leicht asymmetrisch ist, fährt so manch einer mit leicht schräg gestelltem Lenker besser als mit exakt gerade ausgerichtetem. Letzten Endes gilt also auch hier: Probieren geht über Studieren.

Bevor Sie nun dem Ruf der Berge zum ersten Mal folgen, brauchen Sie nur noch den Lenker sowie die Schalt- und Bremshebel ergonomisch günstig auszurichten. Lockern Sie dazu am besten die Befestigungsschrauben so weit, daß sich der Lenker im Vorbau und die Bedienungselemente auf dem Lenker gerade eben verdrehen lassen. Drehen Sie langsam eine kleine Runde und bringen Sie Lenker und Hebeleien in die für Sie angenehmste Position. Vergessen Sie anschließend aber nicht, die Befestigungsschrauben wieder anzuziehen.

Pflege und Wartung

Pflege und Wartung

Ein Fahrrad ist ein genial einfaches Fahrzeug mit einem noch genialeren Wirkungsgrad. Inzwischen steckt aber in einem modernen Fahrrad – und darum handelt es sich bei einem Mountainbike zweifellos – eine Menge an Technik. Diese Technik will gepflegt und gewartet sein, um effizient und zuverlässig ihren Dienst zu tun. Verglichen mit einem motorgetriebenen Fahrzeug aber ist selbst das aufwendigste Mountainbike immer noch äußerst einfach und überschaubar in seiner Pflege und Wartung.

Mit einem Minimum an Werkzeugen können nahezu alle anfallenden Wartungs- und Einstellungsarbeiten ausgeführt werden. Diese meist regelmäßig notwendigen Arbeiten sollen hier erläutert werden. Größere Reparaturen wie das Überholen oder Austauschen von Naben, Innenlagern oder Steuersätzen oder gar das Einspeichen eines Laufrades würden jedoch den Rahmen dieses Buches sprengen. All diese Arbeiten erfordern meist auch Spezialwerkzeug, das anzuschaffen sich nur für den engagierten Bike-Schrauber lohnt. Es soll hier also um die richtige Pflege des Mountainbikes, das Austauschen einer Kette oder der Bremsschuhe, das Einstellen von Schaltung und Bremsen und nicht zuletzt um den Kampf gegen den Plattfußteufel gehen. Bevor Sie sich aber an die Arbeit machen, sollten Sie sich erst einen vernünftigen Arbeitsplatz einrichten. Optimal ist ein spezieller Rad-Montage-Ständer, der das Bike sicher festhält und bei dem sich Laufräder und Antrieb frei bewegen lassen. Fast genauso gut, aber für einen Bruchteil des Geldes zu haben, sind zwei an Seilen oder Ketten von der Decke herabhängende Haken, an denen das Bike an Sattel und Lenker aufgehängt wird. Wichtig ist es auch, das benötigte Werkzeug sowie Ersatzteile und Pflegemittel bereitzulegen.

Reinigung und regelmäßiger Check

Jeder weiß, daß ein Cowboy zuerst sein Pferd versorgt, bevor er sich über Bohnen, Speck und schwarzen Kaffee hermacht. Nach ausgiebigen Schlammfahrten sollte es der Biker genauso halten. Ist der Schlamm nämlich erst einmal festgetrocknet, wird die Reinigung zur Quälerei. Gleich nach der Tour genügt es dagegen meist, das Bike mit einem Gartenschlauch abzuspritzen oder es mit Wasser und Schwamm zu reinigen. Mit dem Einsatz eines Dampfstrahlers sollten Sie sich zurückhalten. Der scharfe Wasserstrahl und/oder

-dampf dringt nämlich früher oder später auch in das bestgedichtete Lager ein und ruiniert es. Die Handwäsche aus dem Eimer hat zudem noch den Vorteil, daß lockere Schrauben, Risse in der Bereifung, geknickte Bowdenzüge oder nach Einstellung schreiende Bremsen so ganz nebenbei entdeckt werden. Achten Sie auch auf umweltfreundliche, biologisch abbaubare Reinigungsmittel, und verwenden Sie diese sparsam. In den meisten Fällen reichen ohnehin ein Eimer mit warmem Wasser sowie Schwamm und Bürste völlig aus. Hartnäckiger Schmutz sowie Öl- oder Fettflecken können mit einem weichen Tuch abgewischt werden. Unsere arg geschundene Umwelt wird uns für die ihr ersparte Chemie dankbar sein. Schadhafte Stellen im Lack sollten mit feinem Schleifpapier aufgerauht und mit Farbe versiegelt werden, damit sich Rost gar nicht erst festsetzen kann. Viele Bike-Hersteller liefern ein Fläschchen Originalfarbe mit. Nagellack ist eine gute Alternative und in vielen Farbtönen erhältlich.

Gerade beim Mountainbike ist es äußerst wichtig, sämtliche Schraubverbindungen regelmäßig zu überprüfen. Vor allem die Schraubverbindungen von Lenker und Vorbau sowie die Schnellspanner der Laufräder sollten überprüft werden.

Bis auf wenige Ausnahmen handelt es sich bei allen Gewinden am Mountainbike um Rechtsgewinde. Die Schrauben werden also im Uhrzeigersinn angezogen und gegen den Uhrzeigersinn gelöst. Eine Ausnahme ist das linke Pedal,

Schmutz läßt sich mit dem Wasserschlauch bestens entfernen, solange er noch nicht angetrocknet ist

das – damit es sich durch die Drehbewegung nicht von allein löst – mit einem Linksgewinde versehen ist. Bei BSA-Innenlagern wird die rechte Lagerschale ebenfalls mit einem Linksgewinde im Rahmen verschraubt.

Gut geschmiert

Geschmiert wird nach dem Motto: „Weniger ist mehr!" Hochwertige, gekapselte Industrielager können und müssen nicht geschmiert werden. Konuslager werden, wenn sie nicht mit einem Schmiernippel versehen sind, zerlegt, um neues Schmiermittel zu erhalten. Je schlechter das Lager abgedichtet ist, desto dicker sollte das verwendete Fett sein. Zähes Fett läßt die Lager zwar etwas schwerer laufen, findet aber nicht so schnell seinen Weg ins Freie. Gut abgedichtete Lager dagegen können mit dünnem, leichtlaufendem Fett abgeschmiert werden. Dünnflüssiges Öl wird nur für die Schmierung der Gelenke von Schaltwerk und Umwerfer verwendet; notfalls – sollte kein spezielles Kettenschmiermittel zur Hand sein – auch für die Kette. Die Bowdenzüge für die Betätigung von Bremsen und Schaltung sind heute praktisch ausnahmslos mit reibungsmindernden Tefloninnenzügen versehen und brauchen nicht geschmiert zu werden. Zusätzlich teflonbeschichtete Seilzüge verringern die Reibung nochmals deutlich und sorgen für problemlosen Betrieb und exakte Schaltvorgänge.

Kette pflegen und ersetzen

Die Kette ist sicherlich das Bauteil am Mountainbike, das am meisten Aufmerksamkeit verlangt. Die Lebensdauer einer Kette am Mountainbike liegt – je nach Witterungsbedingungen und Pflege – irgendwo zwischen 1000 und maximal 4000 Kilometern. Längt sich eine Kette über ein gewisses Maß hinaus, werden die Zahnkränze und eventuell sogar die Kettenblätter beschädigt. Eine gelängte Kette schafft sich über kurz oder lang nämlich den benötigten Platz zwischen den Zähnen der Ritzel bzw. Kettenblätter, indem sie diese immer weiter ausschleift. Neben der Kette müssen dann auch noch Zahnkranz und unter Umständen sogar die Kettenblätter ausgetauscht werden. Eine neue Kette allein würde nicht mehr zum veränderten Zahnabstand passen und über die Ritzel hinwegspringen. Deshalb kommt ein rechtzeitiger Kettenwechsel immer billiger. Die Verschleißgrenze wird am besten mit einer speziellen Kettenlehre gemessen. Sie zeigt an, von welcher verschleißbedingten Kettenlängung an die Ritzel angegriffen werden. Es geht aber auch mit einem einfachen Zollstock: 24 Kettenglieder dürfen nicht länger als 31 Zentimeter sein. Läßt sich die Kette vorn mühelos soweit vom großen Kettenblatt abheben, daß der Zahn fast oder ganz sichtbar wird, ist sie ebenfalls verschlissen.

Wer nun glaubt, seiner Kette durch reichlich Öl zu einem langen Leben zu verhelfen, der irrt gewaltig. Strotzt die Kette nämlich vor Öl, zieht sie Sand und Dreck geradezu magisch an. Eine Kette sollte so trocken wie möglich laufen, ohne zu quietschen. Gibt sie Geräusche von sich, wird sparsam nachgeschmiert, und zwar am besten mit einem speziellen Kettenschmiermittel. Nachdem dieses Zeit hatte, in alle Zwischenräume einzudringen, wird die Kette außen mit einem weichen Tuch sorgfältig trocken gewischt. Stark verschmutzte oder auch allzu ölige oder fettige Ketten müssen erst gereinigt werden. Dazu nimmt man die Kette entweder ab und reinigt sie mit einem Pinsel in einem Petroleumbad, oder man verwendet ein spezielles Kettenreinigungsgerät, bei dem die Kette nicht entfernt – also aufgenietet – werden muß. Die Kette läuft dabei in einem mit Reinigungsmittel gefüllter Behälter zwischen kleinen Bürsten hindurch.

Kette wechseln

Früher oder später aber muß auch die bestgepflegte Kette gewechselt werden. Weil Ketten bei Kettenschaltungen grundsätzlich vernietet sind, brauchen Sie für diese Arbeit ein Kettennietwerkzeug. Drücken Sie mit diesem Kettennieter einen beliebigen Bolzen der alten Kette heraus und entfernen Sie diese. Bevor die neue Kette aufgelegt und vernietet wird, muß aber erst noch ihre korrekte Länge bestimmt werden. Legen Sie sie zu diesem Zweck vorn und hinten auf das größte Kettenblatt bzw. Ritzel. Die Kettenlänge ist dann korrekt, wenn der Käfig des Schaltwerks mit den beiden Schaltungsrädchen genau 45 Grad nach vorn zeigt. Anschließend kann die neue Kette vernietet werden. Weil Sie bei dieser Arbeit zweifellos das Gefühl haben werden, eigentlich drei Hände zu brauchen, kann ein kleines Haltewerkzeug, das die beiden Kettenenden zusammenhält, recht nützlich sein. Der Bolzen wird mit dem Kettennieter vorsichtig so weit eingepreßt, daß er genau eben mit der Ihnen zugewandten Außenlasche abschließt. Anschließend wird er von der anderen Seite wieder ganz leicht zurückgepreßt, bis er auf beiden Seiten gleich weit übersteht. Dadurch und eventuell durch leichtes Hin- und Herbiegen wird das durchs Vernieten schwergängig gewordene Kettenglied wieder frei beweglich.

Bei richtiger Kettenlänge zeigt der Käfig des Schaltwerks 45° nach vorne. Die Kette muß dabei auf dem großen Ritzel und dem großen Kettenblatt liegen

Einstellen der Schaltung

Positionierte Schaltungen müssen exakt eingestellt sein, um problemlos zu funktionieren. Man kann ja nicht mehr wie früher bei den reibungsgebremsten Schalthebeln einfach etwas weiter drücken, um der Kette aufs nächste Ritzel zu helfen, weil die Schaltschritte in den positionierten Schalthebeln exakt festgelegt sind. Die Einstellung ist aber kein Hexenwerk, schnell erledigt und zudem – zumindest bei hochwertigen Schaltungen – nur selten notwendig.

Überprüfen Sie regelmäßig die Bowdenzüge auf gedrückte oder abgeknickte Stellen, und beseitigen Sie eventuelle Schäden, indem Sie die betreffenden Bowdenzüge austauschen. Wie schon weiter oben erwähnt, sind moderne Bowdenzüge mit Tefloninnenhüllen und teilweise sogar mit teflonbeschichteten Seilzügen versehen. Sie brauchen nicht geschmiert zu werden und sollen es auch nicht. Wenn Sie durch eingedrungenen Schmutz und Feuchtigkeit schwergängig werden, wird die Schaltpräzision stark beeinträchtigt, und die Züge sollten komplett gewechselt werden. Läßt sich die Schaltung nicht mehr exakt einstellen, ist meist ein zu schwergängiger Seilzug die Ursache. Bei Vielfahrern – vor allem in Verbindung mit feuchtem Wetter – können die Züge im Extremfall bereits nach ein paar Wochen reif zum Wechseln sein. Bevor Sie mit dem Einstellen der Schaltung beginnen, prüfen Sie erst die Spannung der Schaltzüge. Legen Sie dazu die Kette hinten auf das kleinste Ritzel (für das Schaltwerk hinten) bzw. auf das kleinste Kettenblatt (für den Umwerfer vorn) und sehen Sie nach, ob der Schaltzug jetzt durchhängt. Wenn ja, lösen Sie die Schaltzug-Klemmschraube am Schaltwerk bzw. Umwerfer, straffen den Zug und ziehen die Schraube wieder fest an.

An der Seilzugeinstellschraube kann die Spannung des Schaltzuges von Hand korrigiert werden

Schaltwerk hinten

Nun aber zur eigentlichen Einstellung. Beginnen wir mit dem Schaltwerk hinten. Wenn die Kette nach dem Betätigen des Schalthebels nur unwillig oder gar nicht mehr auf das nächstgrößere Ritzel klettern mag, das Herunterschalten aber problemlos funktioniert, ist die Spannung des Schaltzuges zu gering. Korrigieren Sie die Spannung, indem Sie die Seilzugeinstellschraube ① hinten am Schaltwerk bzw. am rechten Schalthebel

Die Einstellschrauben am Schaltwerk:
① = Seilzugeinstellschraube
② = Schaltwerk-Anschlagschraube
③ = Schrauben zur Schaltwerksbegrenzung

(durch sie läuft der Schaltzug ins Schaltwerk bzw. in den Schalthebel) etwas herausdrehen. Tasten Sie sich mit halben Umdrehungen an die optimale Einstellung heran und checken Sie sie, indem Sie mit der rechten Hand die Gänge durchschalten und mit der linken Hand die Kurbel am aufgehängten Bike drehen. Umgekehrt kann es passieren, daß die Kette zwar willig auf das nächstgrößere Ritzel wandert, beim Herunterschalten aber nicht mitspielt. In diesem Fall ist die Spannung des Schaltzuges zu groß. Korrigieren Sie, indem Sie die Einstellschraube etwas hineindrehen.

Weil Schaltzüge (vor allem neue) in der Regel aber dazu neigen, sich zu dehnen, ist der erste Fall der weitaus häufigere.

Rasselt die Kette auf dem kleinsten Ritzel, dann kann es sein, daß das obere Schaltungsröllchen zu dicht am Ritzel steht und es zeitweise berührt. Auch dieses Problem ist schnell beseitigt. Legen Sie die Kette auf das kleinste Ritzel und drehen Sie die Anschlagschraube ② des Schaltwerks etwas hinein, während Sie die Kurbeln rückwärts drehen. Sie können dabei beobachten, wie sich Schaltwerk und oberes Röllchen nach hinten bewegen. Drehen Sie die Einstellschraube, die gegen das Schaltungsauge am Rahmen drückt, so weit hinein, daß sich Röllchen und Ritzel nicht mehr berühren, und lassen Sie den Abstand nicht größer werden, als es für eine geräuschlos laufende Kette notwendig ist.

Schaltwerksbegrenzung einstellen

Als letzte Fehlerquelle am Schaltwerk bleibt noch der Anschlag für das größte bzw. kleinste Ritzel. Dieser Anschlag verhindert, daß die Kette über die äußersten Ritzel hinauswandert und sich oben zwischen größtem Ritzel und den Speichen oder unten zwischen dem kleinsten Ritzel und dem Rahmen verklemmt. Natürlich kann es auch vorkommen, daß der Anschlag die Bewegungen des Schaltwerks zu sehr beschränkt und die Kette nicht mehr auf das größte bzw.

Um verschlissene Schaltröllchen auszutauschen, müssen die beiden Schrauben des Schaltkäfigs gelöst werden

kleinste Ritzel geschaltet werden kann. An der Rückseite des Schaltwerks befinden sich meist über der Seilzugeinstellschraube zwei weitere kleine Einstellschrauben ③. Legen Sie die Kette zuerst auf das kleinste Ritzel, und setzen Sie das obere Schaltungsröllchen durch Hinein- oder Herausdrehen der entsprechenden Schraube (meist ist es die obere) exakt senkrecht unter das Ritzel. Verfahren Sie mit der Kette auf dem größten Ritzel und der anderen (meist unteren) Schraube genauso.

Sollten alle diese Einstellungsversuche nichts nutzen, kann es noch sein, daß die Lagerung der Schaltungsrädchen (besonders die des oberen) verschlissen ist. Weil das Schaltungsröllchen dann Spiel hat und ausweicht, kann es die Kette nicht mehr exakt an das gewünschte Ritzel heranführen. Ein Austausch der Schaltungsröllchen sollte genügen. Bringt auch das noch keine Besserung, muß das Schaltungsauge am Rahmen überprüft werden. Wenn es einen Schlag bekommen hat und nicht mehr parallel zur Rahmenlängsachse ausgerichtet ist, läßt sich die Schaltung ebenfalls nicht mehr sauber einstellen. Ein verbogenes Schaltungsauge zu richten, ist Sache für den Fachmann.

Umwerfer vorn

Der Umwerfer vorn ist – verglichen mit dem Schaltwerk hinten – etwas anspruchsloser in seiner Einstellung. Auch

hier finden sich die beiden kleinen Einstellschräubchen, die den oberen und unteren Anschlag begrenzen. Nur gibt es vorn keine Schaltungsrädchen. Hier ist es der Käfig des Umwerfers, durch den die Kette läuft, der entsprechend ausgerichtet werden muß. Legen Sie dazu die Kette vorn auf das große Kettenblatt und hinten auf das kleinste Ritzel. Stellen Sie jetzt die Anschlagschraube (meist die äußere) so ein, daß zwischen der Außenseite des Schaltkäfigs und der Kette das Spiel etwa ein bis zwei Millimeter beträgt. Nun legen Sie die Kette vorn auf das kleinste Kettenblatt und hinten auf das größte Ritzel und stellen den Abstand zwischen der Innenseite des Schaltkäfigs und der Kette ebenfalls auf etwa ein bis zwei Millimeter ein. Dies ist sozusagen die Grundeinstellung. Reicht der eingestellte Bereich nicht aus, um die Kette zuverlässig auf das größte bzw. kleinste Blatt zu befördern, oder ist er zu groß, und die Kette fliegt über das entsprechende Blatt hinaus, korrigieren Sie mit den Einstellschrauben. Hat der Umwerfer sich auf dem Sitzrohr verdreht oder wurde er schlampig montiert, muß er exakt in Relation zu den Kettenblättern ausgerichtet werden. Bringen Sie dazu die Außenseite des Schaltkäfigs mit dem Schalthebel auf die Höhe des großen Kettenblattes. Lösen Sie vorsichtig die Klemmschraube, die den Umwerfer am Sitzrohr fixiert, und richten Sie ihn so aus, daß er zum einen parallel zum Kettenblatt steht und zum anderen etwa zwei bis drei Millimeter Abstand zu den Zähnen des Kettenblattes hat. Jetzt müssen Sie nur noch die Spannung des Schaltzuges prüfen. Ist er, wenn die Kette auf dem kleinen Blatt liegt, sauber gespannt, sollte der Umwerfer problemlos funktionieren. Um den Seilzug zu spannen, gibt es am Umwerfer keine spezielle Einstellschraube. Nicht allzu großes Spiel können Sie an der Einstellschraube des (linken) Schalthebels oben am Lenker korrigieren. Ist der Seilzug extrem locker, lösen Sie einfach die Klemmschraube am Umwerfer, straffen den Seilzug und ziehen die Klemmschraube wieder an.

Einstellen der Bremsen

Die Bremsen eines Mountainbikes sind äußerst effektiv, aber nur so lange, wie sie optimal gewartet und eingestellt sind. Weil an den meisten Mountainbikes Cantilever-Bremsen montiert sind, soll hier ihre Wartung und Einstellung erläutert werden. Diese Praxistips gelten im wesentlichen auch für die längst wieder von der Bildfläche verschwundenen Roller-Cam-Brakes der ersten Jahre und für U-Brakes. Bei hydraulischen Felgenbremsen und bei Scheibenbremsen sind die Einstellarbeiten ohnehin bedeutend

Um einen lockeren Schaltzug zu straffen, muß die Klemmschraube links gelöst werden. Im Bild oben sehen Sie die beiden Einstellschrauben für die Begrenzung des Schwenkbereichs

einfacher. Hier braucht man die Bremsschuhe nicht einzustellen. Bei Bedarf müssen sie nur gewechselt werden. Wenn einzelne Litzen des Bremszuges gerissen sind, sollten Sie ihn austauschen und nicht warten, bis er bei einem Bremsvorgang reißt. Sehr wichtig ist es auch, daß die Spannung des Bremszuges richtig eingestellt ist. Der Druckpunkt am Bremshebel sollte genau in der Mitte zwischen seiner Ruhestellung und dem Lenker liegen. Ist die Spannung zu groß, liegt der Druckpunkt zu weit außen, und die Bremshand ermüdet unnötig schnell. Läßt sich der Bremshebel dagegen problemlos bis an den Lenker ziehen, ist der Bremszug zu locker und eine maximale Verzögerung nicht mehr möglich. Gespannt wird der Bremszug durch die Stellschraube am Bremshebel oder – sollte deren Verstellbereich nicht mehr ausreichen – durch Lösen der Klemmschraube am Seildreieck über dem Reifen und entsprechender Korrektur desselben. Drehen Sie dazu zuerst die Stellschraube am Bremshebel ganz hinein und dann wieder fünf bis sechs Umdrehungen heraus. Wenn Sie dann den Bremszug straff gespannt haben – die Bremsschuhe liegen jetzt an der Felge –, können Sie die Stellschraube um diese fünf bis sechs Umdrehungen wieder hineindrehen und den Bremsschuhen dadurch das notwendige Spiel zur Felge hin geben.

An der Schraube, durch die der Bremszug in den Bremshebel führt, wird der Leerweg der Bremse eingestellt

Cantilever-Bremsen

Cantilever-Bremsen müssen in zweierlei Hinsicht optimal eingestellt werden. Zum einen müssen die Bremsschuhe richtig auf die Felge ausgerichtet sein, und zum zweiten müssen die Bremsarme im richtigen Winkel stehen. Die Bremsschuhe einer Cantilever-Bremse wandern mit zunehmendem Verschleiß immer weiter in Richtung der Speichen (bei Roller-Cam-Bremsen oder U-Brakes dagegen in Richtung Reifen), was bei extremer Nachlässigkeit zu üblen Stürzen (bzw. zu einem aufgeschlitzten Reifen) führen kann. Haben Sie den optimalen Zeitpunkt versäumt, die Einstellung der Bremsschuhe zu korrigieren, dann entsteht bei Cantilever-Bremsen ein Grat am Bremsschuh, weil er unten über die Felgenflanke hinausragt und nicht mehr mit seiner ganzen Fläche aufliegt. Ein unangenehmer Nebeneffekt ist dann oft auch, daß der Bremsschuh an der Felge hängenbleibt. Bevor Sie ihn neu einstellen, schneiden Sie diesen Grat mit einem scharfen Messer einfach ab, oder leisten

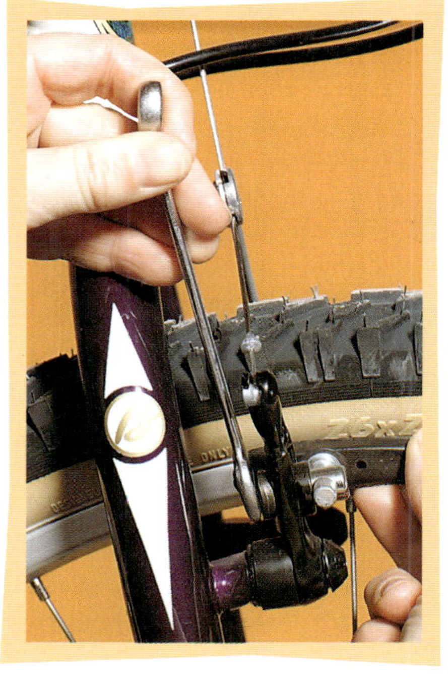

Sie sich gleich neue Bremsschuhe. Nicht mehr ganz neue Bremsschuhe sollten regelmäßig mit etwas Schleifpapier aufgerauht werden. Lösen Sie die Klemmschraube, und stellen Sie die Bremsschuhe so ein, daß sie mit der ganzen Fläche auf der Felgenflanke aufliegen und – von oben gesehen – die Felge in Drehrichtung zuerst vorn berühren und dabei hinten noch etwa einen Millimeter Abstand haben. Solcherart schräg gestellte Bremsschuhe verhindern das lästige Bremsenquietschen. Bremsen fangen an zu quietschen, wenn die Bremsschuhe parallel auf die Felgenflanke treffen und dadurch das gesamte Bremssystem zum Schwingen bringen.

Gelegentlich reicht es auch schon aus, die Bremsschuhe aufzurauhen und die Felgenflanke mit feiner Stahlwolle zu säubern. Außerdem sollten die Bremsschuhe möglichst dicht an den Bremsarm gesetzt werden, damit das System nicht durch einen unnötig langen Abstand schwingungsanfällig wird. Abhilfe bei weichen Systemen kann ein Brake-Booster schaffen.

Bremsarme

Wie schon erwähnt, ist auch der Winkel, in dem die Bremsarme stehen, und damit die Seilgeometrie wichtig für die Funktion der Bremse. Bei einer schlechten Einstellung wird zuwenig Druck auf die Bremsschuhe übertragen; die Bremsleistung ist entsprechend dürftig. Grundsätzlich sollte die Seilgeometrie (gemeint ist damit die Stellung des Querkabels, das die beiden Bremsarme miteinander verbindet) so aussehen, daß das Querkabel bei angezogener Bremse einen Winkel von 90 Grad mit den Bremsarmen bildet. Um den Winkel des Querkabels zu verändern, öffnen Sie die Klemmschraube am Bremsarm (auf der gegenüberliegenden Seite ist das Querkabel nur eingehängt) und korrigieren sie entsprechend. Es ist möglich, daß jetzt die Einstellung der Bremsschuhe neu vorgenommen werden muß. Auch ein weicher Gegenhalter für den Bremszug oben am Steuersatz kann die Ursache für mangelhafte Bremswirkung sein. Wechseln Sie ihn gegen ein solides Mo-

Um das lästige Quietschen der Bremsen zu vermeiden, werden die Bremsgummis so auf die Felge ausgerichtet, daß sie diese zuerst vorn berühren. In diesem Fall sollte der Abstand hinten etwa einen Millimeter betragen

dell aus, oder rüsten Sie auf einen Vorbau mit integrierter Bremszugabstützung um. Dies hat allerdings den Nachteil, daß Sie – soll einmal die Vorbauhöhe verändert werden – die Bremszugspannung neu einstellen müssen. Wenn Sie jetzt noch die Bremsarme so einstellen, daß beide Bremsschuhe gleichzeitig die Felge berühren, haben Sie eine optimal verzögernde Cantilever-Bremse. Meist berührt einer der beiden Bremsschuhe die Felge zuerst, oder er streift sogar ständig. Sie können das – je nach Bremsenmodell – durch eine winzige Schraube, die an einem der beiden Bremsarme vorhanden ist und die Federvorspannung verändert, oder durch Verdrehen des kompletten Bremsarms auf dem Bremssockel korrigieren.

Fühlt sich die Bremse teigig an und bewegen sich die Bremsarme nur unwillig zurück, drehen sie sich nicht mehr leicht genug auf den Bremssockeln. Hängen Sie das Querkabel aus, und schrauben Sie die Bremsarme ab. Reinigen Sie die Bremssockel, und beseitigen Sie eventuell vorhandene Riefen mit feinem Schleifpapier, bevor Sie die Bremsarme auf den gut gefetteten Sockeln wieder montieren.

Kampf dem Plattfußteufel

Steht das Bike auf der Felge, gibt es zwei Möglichkeiten: Entweder Sie montieren einen neuen Schlauch, oder Sie flicken den alten. Weil der Plattfußteufel meist in den unmöglichsten Situationen hämisch grinsend zuschlägt, lohnt es sich, auf längeren Touren neben Flickzeug auch einen Ersatzschlauch mitzunehmen. In strömendem Regen ist es nämlich so gut wie unmöglich, einen durchlöcherten Schlauch zu flicken. Ganz abgesehen von einem abgerissenen Ventil oder einem geplatzten Schlauch, der grundsätzlich nicht mehr zu reparieren ist. Weil die Bereifung selbst durch UV-Strahlung mit der Zeit brüchig wird, sollten die Pneus regelmäßig auf Risse überprüft werden.

Ansonsten ist das Flicken eines platten Reifens kein Problem und meist im Nu erledigt. Wenn ein Stein oder ähnliches bis auf Ihre Felge durchgeschlagen hat, was dem Mountainbiker vor allem bei mit niedrigem Luftdruck gefahrenen Reifen widerfahren kann, brauchen Sie nicht lange nach der Pannenursache zu suchen. Ansonsten aber müssen Sie feststellen, warum der Reifen überhaupt platt ist. Wenn Sie die Ursache des Problems (Nagel, Dorn, Glassplitter) nicht beseitigen, können Sie den Schlauch nämlich flicken, sooft Sie wollen: Nach wenigen Kilometern wird er wieder platt sein. Haben Sie das Corpus delicti entdeckt, können Sie es entfernen und sich zur Belohnung den Radausbau sparen. Es reicht, den Reifen im betreffenden Abschnitt mit zwei oder drei Reifenhebern von der Felge zu hebeln, den

Schlauch herauszuziehen und zu flicken. Der Schlauch wird dazu einfach rund um die beschädigte Stelle aufgerauht und gleichmäßig mit Gummilösung bestrichen. Ist diese soweit getrocknet, daß sie bei Berührung mit dem Finger keine Fäden mehr zieht, kann der Flicken aufgesetzt, fest angedrückt und zu den Rändern hin glattgestrichen werden. Die dünne Folie über dem Flicker können Sie ruhig an Ort und Stelle lassen. Sie verhindert, daß der Flicken innen am Reifen festklebt. Der Schlauch wird nun ganz leicht aufgepumpt und wieder zurück an seinen Platz geschoben. Vorsicht bei der Handhabung der Reifenheber: Nur zu schnell kann der Schlauch zwischen Felge und Reifen eingequetscht und beschädigt werden.

Schlauch demontieren

Ist die Ursache für den Plattfuß nicht zu entdecken, muß das Laufrad ausgebaut und der Schlauch herausgenommen werden. Drücken Sie den Reifen gegenüber dem Ventil tief ins Felgenbett und setzen Sie den ersten Reifenheber an. Mit zwei oder drei Reifenhebern sollte es kein Problem sein, den Reifen auf einer Länge von etwa 30 bis 40 Zentimetern von der Felge zu hebeln, um ihn dann von Hand rundherum von der Felge zu ziehen. Bevor Sie den Schlauch jetzt herausnehmen, markieren Sie noch schnell seine Einbaulage, und achten Sie darauf, den Reifen nicht auf der Felge zu verdrehen. So können Sie, nachdem Sie das Loch im Schlauch gefunden haben, leicht feststellen, wo der Fremdkörper

Ist der Reifen mit den Reifenhebern von der Felge gehebelt, läßt sich der Schlauch leicht zum Flicken herausziehen

Reißt der Seilzug des Umwerfers, kann dieser mit einem kleinen Holzstück in der gewünschten Position fixiert werden

im Reifen sitzen muß. Im Wasserbad zeigen aufsteigende Luftblasen, wo der Schlauch leckt. Ist kein Wasser zur Hand, halten Sie den aufgepumpten Schlauch ans hoffentlich noch verschwitzte Gesicht: Die undichte Stelle können Sie leicht am erfrischenden Luftstrom entlarven. Wenn Sie den Glassplitter, Nagel oder die Dornen entfernt, den Schlauch geflickt und leicht aufgepumpt haben, legen Sie ihn wieder zwischen Reifen und Felge. Beginnen Sie immer am Ventil damit, den Reifen auf die Felge zu hebeln, und achten Sie darauf, den Schlauch nicht einzuquetschen. Befand sich das Loch an der Schlauchinnenseite, ist eine über ihren Nippel hinausragende Speiche für den Plattfuß verantwortlich und muß vor der Montage des geflickten Schlauches abgefeilt oder (improvisiert) durch Zwischenlegen eines zähen Materials daran gehindert werden, den Schlauch erneut anzustechen. Ein undichtes Ventil entdeckt man mit Hilfe von aufgetupftem Speichel: Bilden sich Blasen, muß es ausgewechselt werden.

Tips und Tricks für Notreparaturen unterwegs

Viele Pannen unterwegs können auch provisorisch behoben werden, um die Weiterfahrt nach Hause oder zur nächsten Werkstatt möglich zu machen. Deshalb ist es immer gut, neben dem Bordwerkzeug auch eine Rolle Klebeband, etwas Draht und ein paar Plastikkabelbinder dabei zu haben. Auch zwei oder drei Schlauchschellen können nie schaden. Immer frei nach dem Motto: „Besser schlecht gefahren, als gut geschoben!" So brauchen Sie nicht gleich zu verzweifeln, sollte der Plattfußteufel Sie einmal ohne Flickzeug oder Luftpumpe erwischt haben. Nehmen Sie den Schlauch einfach heraus, und stopfen Sie den Reifen mit Tannenzapfen, Blättern, Zeitungspapier oder Gras aus. Ist der Reifen an seiner Flanke aufgerissen, legen Sie von innen ein Stück Pappe, Baumrinde oder ähnliches dagegen, um zu verhindern, daß der Schlauch herausquillt. Sollten Sie etwas Klebeband zur Hand haben, können Sie Reifen samt Felge damit zusätzlich umwickeln. Ein zum Flicken zu großes Loch im Schlauch können Sie provisorisch schließen, indem Sie den Schlauch an der entsprechenden Stelle einfach verknoten.

Auch ein durch einen Ast oder Sturz abgerissenes Schaltwerk stellt kein unlösbares Problem dar. Öffnen Sie einfach die Kette mit dem Kettennieter, entfernen Sie das beschädigte Schaltwerk, und legen Sie die Kette auf einen mittleren Gang. Auf die richtige Länge gekürzt, können Sie die Kette wieder vernieten und den Heimweg ohne Gangschaltung antreten. Ist der Umwerfer vorn beschädigt, geht es noch einfacher. Demontieren Sie ihn, oder drehen Sie ihn, nachdem Sie den Käfig geöffnet haben und die Kette frei ist, einfach auf die andere Seite, und legen Sie die Kette auf das mittlere Kettenblatt. Hinten können Sie jetzt immer noch schalten. Ist nur der Schaltzug des Umwerfers gerissen, schnappt dieser nach innen, und Sie können nur noch auf dem kleinsten Kettenblatt fahren. Auf die Dauer ist das etwas unbefriedigend. Legen Sie die Kette einfach mit der Hand auf das mittlere Blatt, drücken Sie den Umwerfer in die entsprechende Position, und blokkieren Sie ihn mit einem in den Hebelmechanismus gesteckten Holzstück.

Gerissene Schalt- oder Bremszüge können provisorisch wieder zusammengeflickt werden. Verknoten Sie einfach die Enden des gerissenen Zuges zu einer Schleife, und verbinden Sie diese mit einem Schnürsenkel, einem Stück Draht oder einem Kabelbinder. Auch eine Lüsterklemme, wie sie der Elektriker zum Verbinden von Drähten verwendet, kann gute Dienste leisten. Aber Vorsicht bei geflickten Bremszügen! Fahren Sie langsam und vorausschauend, und seien Sie sich im klaren darüber, daß die Flickstelle Vollbremsungen nicht gewachsen ist. Ist die Kette gerissen, entfernen Sie einfach das beschädigte Glied, und vernieten Sie sie neu. Unter Umständen ist die Kette jetzt zu kurz für die Kombination großes Kettenblatt vorn und großes Ritzel hinten! Wenn Sie versehentlich in diesen ohnehin „verbotenen" Gang schalten, kann es passieren, daß Sie dabei das hintere Schaltwerk in Stücke reißen.

Unter der Voraussetzung, daß Sie mit äußerster Vorsicht die Weiterfahrt antreten, können Sie auch einen gebrochenen Lenker oder eine gebrochene Sattelstütze notdürftig zusammenflicken. Schnitzen Sie einen Ast so zurecht, daß er in beide Hälften von Lenker bzw. Sattelstütze getrieben werden kann, und bandagieren Sie die Bruchstelle mit einer Manschette aus einer Getränkebüchse oder ähnlichem und zwei Schlauchschellen. Äußerst lästig sind auch noch gerissene Speichen. Weil sie meist am Hinterrad an der Zahnkranzseite reißen – hier werden die Speichen am stärksten beansprucht –, können sie, ohne daß man den Zahnkranz abnimmt, meist nicht gewechselt werden. Haben Sie keinen Zahnkranzabzieher dabei, müssen Sie improvisieren. Entfernen Sie zuerst die gebrochene Speiche. Geht das nicht, wickeln Sie sie um eine benachbarte Speiche und versuchen, den Felgenschlag behelfsmäßig auszuzentrieren, und/oder geben Sie der Bremse entsprechend Spiel, damit sie nicht ständig an der eiernden Felge streift. Läßt sich die gebrochene Speiche entfernen, können Sie sie durch eine hoffentlich mitgeführte Notspeiche ersetzen. Es gibt spezielle Reparaturspeichen, die aus einem Edelstahlseil bestehen und mit einem Haken versehen sind. Dieser wird einfach in das entsprechende Speichenloch eingehängt, und die Reparaturspeiche kann über den Nippel wie eine starre Speiche gespannt werden. Sie können sich aber auch selbst aus einer extralangen Speiche eine Notspeiche zurechtbiegen. Solch eine Notspeiche läßt sich ebenfalls ohne Demontage des Zahnkranzes von hinten einhängen. Wechseln Sie zu Hause die provisorisch ersetzte Speiche so schnell wie möglich gegen eine neue aus. Bleibt noch der seltene Fall, daß unterwegs die Sperrklinken im Freilauf brechen.

Dann läßt es sich plötzlich so herrlich leicht treten, wie Sie es sich schon immer gewünscht haben. Nur leider kommen Sie jetzt nicht mehr vom Fleck, weil Sie wirkungslos ins Leere treten. Sie können jetzt den Sattel Ihres Bikes herunterlassen und es als Laufrad benutzen, oder aber Sie erinnern sich an die Rolle Draht bzw. an die Kabelbinder in Ihrem Werkzeugtäschchen. Damit können Sie das größte Ritzel durch seine Aussparungen hindurch mit den Speichen verzurren und so wieder – mit nicht allzu großem Druck auf den Pedalen fahrend – für eine kraftschlüssige Verbindung sorgen. Das Ritzel sollte so stramm wie möglich mit den Speichen verzurrt werden, denn jegliches Spiel während des Pedalierens wird sofort größer, und Draht oder Kabelbinder reißen schnell ab. Vergessen Sie auch nicht, daß Sie jetzt nicht plötzlich mit dem Pedalieren aufhören können. Sie haben ja keinen Freilauf mehr, und die Kurbeln drehen sich unaufhörlich.

Eine Notspeiche können Sie sich aus einer extra langen Speiche leicht selbst zurechtbiegen

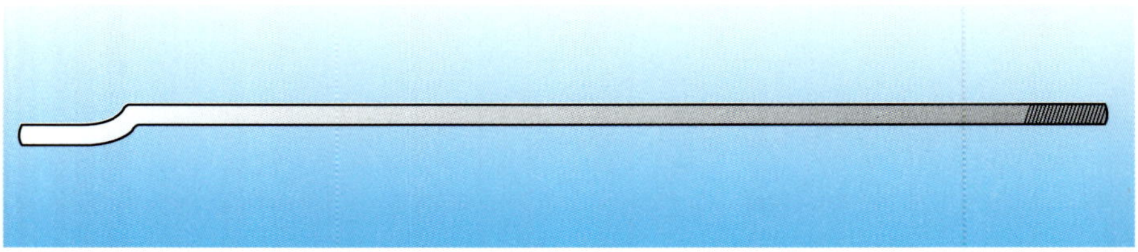

Mountainbike-Fahrtechnik

Mountainbike-Fahrtechnik

Wer aus seinem Mountainbike herausholen möchte, was drinsteckt, der ist auf die richtige Fahrtechnik angewiesen. Darüber, wie der optimale Fahrstil auszusehen hat, gehen die Meinungen – glücklicherweise – weit auseinander. Zapata Espinoza, US-Bike-Guru und Herausgeber einer Bike-Zeitschrift, steht beispielsweise auf dem Standpunkt: „Fahrt eure Bikes hart, stürzt noch härter, wartet, bis die Wunden verkrustet sind, und fangt wieder von vorn an!" Zum Glück aber läßt sich ein guter Fahrstil auch ohne ständige (und schmerzhafte) Ausflüge in den Grenzbereich entwickeln. Hier wird jeder seinen ganz eigenen Weg suchen und auch finden. Ein paar Grundregeln aber gelten so gut wie immer, und um diese soll es auf den folgenden Seiten gehen.

Richtig Pedalieren

Wichtigste Voraussetzung für einen sauberen, flüssigen und effektiven Fahrstil ist das richtige Pedalieren, wobei die optimale Trittfrequenz eine sehr wichtige Rolle spielt. Meist werden viel zu große Gänge gedrückt, was zu einer Trittfrequenz von selten mehr als 40 Pedalumdrehungen führt. Aber erst 60 bis 80 Kurbelumdrehungen pro Minute ergeben eine angenehme und schon recht effiziente Trittfrequenz. Richtig sportlich biken läßt es sich, wenn die Pedale noch schneller kreisen. Dann nämlich arbeitet unsere Muskulatur optimal, weil sie sich – vor allem wenn Ausdauerleistung gefragt ist – lieber schnell und öfter, dafür aber mit weniger Krafteinsatz bewegt. Unsere Muskulatur bietet ja nicht Leistung im Überfluß und ist daher nicht sonderlich begeistert, wenn sie ständig ein hohes Drehmoment produzieren soll. Das aber ist notwendig, wenn permanent zu hohe Gänge gedrückt werden, und auch so manches schmerzende Knie geht auf das Konto einer viel zu niedrigen Trittfrequenz. Vor allem auf längeren Touren ist es extrem wichtig, locker und flüssig zu pedalieren, damit die Muskeln nicht schon weit vor dem Ziel ermüden. Den Profi-Biker erkennt man daran, daß er scheinbar mühelos und locker mit hoher Trittfrequenz kurbelt – und das noch nach Stunden. Solch eine hohe Trittfrequenz hat aber noch weitere Vorteile. Zum einen können dadurch Bodenwellen, kurze und leichte Steigungen oder auch durch Gegenwind verursachte Temposchwankungen leichter und spontaner ausgeglichen werden, und zum anderen wird das Bike selbst weniger belastet. Der gesamte Antrieb dreht sich zwar schneller, ist dafür aber mit wesentlich geringeren Kräften belastet. Checken Sie Ihre Trittfrequenz einmal anhand der Stoppuhr im Radcomputer, oder zählen Sie einfach 21, 22, 23 und so weiter, während Sie Ihre Beine beobachten. Bei einer Pedalumdrehung pro Sekunde wird es allmählich interessant: Ihre Trittfrequenz liegt dann bei 60 Umdrehungen pro Minute.

Im Zusammenhang mit einer hohen Trittfrequenz taucht oft auch der Begriff des „runden Tritts" auf. Hohe Trittfrequenzen sind nämlich erst dann möglich, wenn nicht nur während der Abwärtsbewegung der Beine Kraft übertragen wird, sondern möglichst rundherum.

Ein runder Tritt muß trainiert werden, ist aber alles andere als nur den Profis vorbehalten. Wichtig ist es, die Fußspitze leicht anzuheben, wenn das Pedal sich oben befindet. Dadurch kann schon relativ früh Schub nach vorn übertragen werden, der dann fließend in das eigentliche Abwärtsdrücken des Pedals übergeht. Dementsprechend wird die Fußspitze im unteren Bereich der Pedalumdrehung leicht nach unten gerichtet und dadurch eine Kraftübertragung in die Aufwärtsbewegung des Pedals hinein ermöglicht. Insofern ist der runde Tritt nicht von einem bestimmten Pedalsystem abhängig. Richtig interessant wird es aber erst, wenn Sie an den

Mountainbiking ist eine dynamische Sportart. Die richtige Pedaltechnik sollte jeder Biker beherrschen

Kurbeln Ihres Bikes auch noch die richtige „Hardware" montiert haben. Schon mit Haken und Riemen ausgestattete Pedale bedeuten einen großen Schritt nach vorn. Jetzt ist es nämlich möglich, während der Abwärtsbewegung des einen Fußes mit dem Gegenfuß senkrecht nach oben zu ziehen. Der Vorteil ist: Das aktive Bein muß jetzt nicht mehr das Gewicht des bisher passiven Beins nach oben befördern und kann sich ganz auf den Vortrieb konzentrieren, ja, es wird dabei sogar noch unterstützt. Die letzte Steigerung bietet ein Click-System, bei dem der Schuh fest auf dem Pedal einrastet. Damit ist es möglich, auch von unten nach hinten heraus am Pedal zu ziehen. So ist eine perfekte Kraftübertragung über die volle Kurbelumdrehung erreichbar.

Der Wiegetritt

Während beim Biken im Sitzen der Körper ein Gegengewicht zu der Kraft bildet, die auf die Pedale drückt, wird im Wiegetritt – also beim Fahren im Stehen – mit dem Körpergewicht zusätzlich Druck auf die Pedale gebracht. Mit Hilfe der Oberkörper- und Armmuskulatur kann der Druck aufs Pedal bei entsprechendem Ziehen am Lenker nochmals erhöht werden. Auf diese Weise wird Leistung mobilisiert, beispielsweise für einen schnellen Start oder einen kurzen Sprint. Sie können dadurch auch am Berg für kurze Zeit einen höheren Gang fahren und Ihre Muskeln etwas anders belasten – insbesondere auf langen Touren sehr angenehm! – oder einfach etwas Luft schaffen für einen versäumten Schaltvorgang. An steilen Anstiegen ist dies oft die letzte Chance, einen zu lange hinausgezögerten Gangwechsel doch noch durchzuführen. Und dann gibt es auch noch Steigungen, an denen selbst der kleinste Gang nicht mehr ausreicht und der Wiegetritt die einzige Alternative zum Schieben darstellt.

Am elegantesten (und am effektivsten) ist es, im Wiegetritt mit dem Körper immer nur ganz leicht nach rechts bzw. links zu pendeln, also nahezu senkrecht über dem Bike zu bleiben. Dabei wird das Rad zwischen den Beinen abwechselnd von links nach rechts gekippt. Während das rechte Bein Druck aufs Pedal bringt, wird zusätzlich mit dem rechten Arm der Lenker nach oben gezogen und das Bike damit schräg nach links gestellt und umgekehrt. Der Körperschwerpunkt sollte, wenn Kraft übertragen wird, über der Pedalmitte liegen. Wer dagegen im Wiegetritt sein Rad senkrecht hält und selbst abwechselnd von links nach rechts turnt, vergeudet damit nur unnötig Energie. Natürlich liest sich das alles viel komplizierter, als es in Wirklichkeit ist. Also genug der Worte, rauf aufs Bike, hinaus an die frische Luft, und ran an den ersten besten Anstieg!

Richtig schalten

Schon manch einer hat sich angesichts der verwirrenden Anzahl an Schaltmöglichkeiten frustriert von seinem Mountainbike abgewandt. Dabei ist es – haben Sie die Zusammenhänge erst einmal verinnerlicht – kinderleicht, immer den richtigen Gang einzulegen. Daß der linke Schalthebel für den Umwerfer vorn zuständig ist und der rechte Schalthebel für das Schaltwerk hinten, muß sicherlich nicht mehr erwähnt werden, und auch das Wissen um die Richtung, in der Sie die Hebeleien drücken oder den Drehschaltgriff drehen müssen, um den gewünschten Gang zu finden, kann sicherlich vorausgesetzt werden.

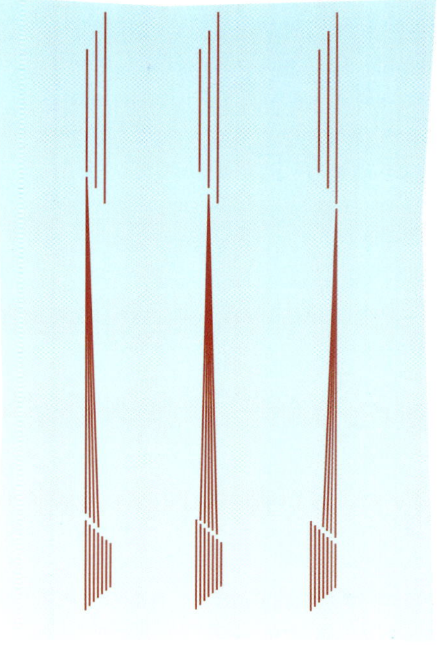

Schema der nutzbaren Gänge einer 21-Gang-Schaltung 3 Kettenblätter vorn und 7 Ritzel hinten ergeben etwa 13 in der Praxis nutzbare Gänge

Zuerst ist es wichtig, sich klarzumachen, daß Gänge vorhanden sind, die in der Praxis nicht genutzt werden. Das kann seine Ursache darin haben, daß der Gang in der Übersetzung schlichtweg doppelt vorhanden ist, oder aber, daß die Kette extrem schräg laufen würde. Grundsätzlich können Sie davon ausgehen, daß Sie bei einem 7fach-Ritzelpaket in Verbindung mit dem mittleren Kettenblatt die mittleren fünf Ritzel nutzen können, ohne daß die Kette zu schräg läuft. Läuft die Kette vorn über das große Kettenblatt, sollten Sie hinten nur die unteren drei bis maximal vier Ritzel schalten. Dementsprechend passen zum kleinsten Kettenblatt die oberen drei bis vier Ritzel. Sie könnten die Kette zwar weiter herab- bzw. hinaufwandern lassen und würden dadurch auch weiterhin gleichmäßig abgestufte Gänge erhalten, aber Sie finden diese Übersetzungen auch in Verbindung mit dem mittleren Kettenblatt, ohne daß die Kette extrem schräg läuft.

Nehmen wir einmal an, Sie kämen im kleinsten Gang (kleines Kettenblatt vorn und größtes Ritzel hinten) einen Berg herauf. Oben wird das Gelände allmählich flacher, und Sie lassen die Kette hinten Ritzel um Ritzel nach unten wandern, weil Sie jetzt bei gleicher Trittfrequenz ja wieder schneller fahren können. Sind Sie auf dem vierten Ritzel angelangt, ist der Zeitpunkt erreicht, vorn auf das mittlere Kettenblatt zu schalten. Das

Steilanstiege lassen sich nur meistern, wenn Sie die richtige Schalttechnik wie im Schlaf beherrschen

allein würde aber einen zu großen Sprung zwischen den Gängen ergeben. Deshalb müssen Sie synchron dazu hinten wieder ein oder gar zwei Gänge hochschalten, um einen sauberen Anschluß zu erhalten. Angenommen, die Strecke führt jetzt bergab, dann erreichen Sie den Punkt, wo Sie mit dem Pedalieren nicht mehr nachkommen, obwohl die Kette hinten bereits auf dem

zweitkleinsten Ritzel liegt. Wenn Sie jetzt einfach nur auf das große Kettenblatt schalten würden, wäre der Sprung wieder zu groß. Deshalb müssen Sie auch hier doppelt schalten, die Kette hinten also zusätzlich ein Ritzel hinaufwandern lassen.

Diese doppelten Schaltvorgänge sind es also, die jederzeit gleichmäßig abgestufte Gangwechsel garantieren und flüssiges Pedalieren mit gleichmäßiger Trittfrequenz erst möglich machen. Sie werden in der Praxis schnell herausfinden, um wieviel Gänge Sie hinten in Verbindung mit einem Kettenblattwechsel vorn korrigieren müssen.

Obwohl moderne Kettenschaltungen sich auch unter Last noch recht gut schalten lassen, sollte der Pedaldruck zum Gangwechsel trotzdem immer etwas zurückgenommen werden. Erst so werden lautlose, weiche und vor allem materialschonende Schaltvorgänge möglich. Ansonsten haben positionierte Schaltungen, bei denen die Schalthebel exakt einrasten, in Verbindung mit raffiniert geformten Ritzeln und Kettenblättern den Schaltkomfort wesentlich verbessert. Ist die Schaltung richtig eingestellt, erfolgen die Schaltmanöver schnell und spontan, und es gibt keine rasselnde Kette mehr. Das lästige Nachkorrigieren gehört also zumindest beim Schaltwerk hinten der Vergangenheit an. Vorn kann es schon mal passieren, daß die Kette links oder rechts das Leitblech des Umwerfers streift und eine kleine Korrektur notwendig wird. Wenn Sie all die Tips beherzigen, vorausschauend biken und immer rechtzeitig den richtigen Gang einlegen – dies gilt vor allem vor Stops am Berg oder an der roten Ampel –, dann sollte die eindrucksvolle Anzahl an Gängen ihren Schrecken verloren haben und Ihre Schaltung von nun an nur noch machen, was Sie wollen.

Optimal bremsen

Optimal zu bremsen ist eine Kunst, die jeder Mountainbiker wie im Schlaf beherrschen sollte. Denn gerade auf losem Untergrund ist der Bremsweg oft wesentlich länger, als man denkt, und die richtige Bremstechnik um so wichtiger. Denken Sie auch daran, immer vorausschauend zu fahren und die Strecke aufmerksam zu beobachten. Unterwegs mit dem Mountainbike – fernab von der Hektik unserer Straßen – vergißt man nur allzu leicht, daß auch hier plötzlich unerwartete Hindernisse auftauchen können; sei es nun ein Langholz-Transporter, der Förster vom Silberwald auf der Suche nach Rotkäppchen oder ein Alm-Bauer auf dem Traktor mit einer Ladung herrlichster Alpenmilch von rundum glücklichen Bergkühen; von Wanderern oder anderen Bikern, die ebenfalls ein Anrecht auf die Pfade und Wege haben, ganz zu schweigen.

Übung macht auch beim Bremsen den Meister, und das Gefühl für die Haftkraft der Reifen und die optimale Bremskraftverteilung zwischen Vorderrad und Hinterrad wird mit der Zeit immer besser. Deshalb sollten Sie Vollbremsungen regelmäßig und auf unterschiedlichem Untergrund trainieren. Grundsätzlich gilt: Ein Rad, das sich eben noch dreht, überträgt mehr Bremskraft als ein blockiertes. Deshalb ist es wichtig, sich an die Blockiergrenze heranzutasten, sie aber möglichst nicht zu überschreiten. So spektakulär ein Drift mit voll blockiertem Hinterrad auch aussehen mag, so wenig Sinn hat er für den Mountainbiker; ganz abgesehen davon, daß Wege beschädigt werden und auf kleinen, unbefestigten Pfaden die Vegetation zerstört wird. Dies ist unnötiges Wasser auf die Mühlen der Mountainbike-Kritiker und oftmals der erste Schritt in Richtung auf vermeidbare Wegsperrungen.

Den Löwenanteil an der Verzögerungsarbeit übernimmt in fast allen Situationen die vordere Bremse. Das Vorderrad ist, weil sein Anpreßdruck durch den Bremsvorgang deutlich erhöht wird, in der Lage, sehr hohe Bremskräfte zu übertragen, ehe es blockiert. Das Gegenteil ist beim Hinterrad der Fall. Durch den Bremsvorgang wird es entlastet und blockiert entsprechend schnell. Dennoch muß die vordere Bremse gefühlvoll dosiert werden. Mit den hervorragenden Bremsen eines Mountainbikes ist es nämlich kein Problem, einen Überschlag nach vorn zu vollführen. Dies gilt vor allem für steile Abfahrten. Hier kommt das Hinterrad extrem schnell hoch, und es kann leicht passieren, daß es Sie über Ihren Kopf hinweg zu überholen versucht; kein angenehmes Erlebnis! An steilen Abfahrten rutscht der Bike-Profi deshalb auf dem Sattel weit nach hinten, belastet dadurch das Hinterrad, so gut es geht, und dosiert seine Bremsen mit viel Fingerspitzengefühl. Auch für schnelle, kurze Bremsmanöver bietet es sich an, das Gewicht auf dem Bike nach hinten zu verlagern und den ganzen Körper zusätzlich noch nach unten zu ducken. Durch den jetzt tiefer und weiter hinten liegenden Schwerpunkt wird der Bodenkontakt verbessert, und die möglichen Verzögerungswerte werden deutlich besser.

Den Profi erkennt man auch daran, daß er die Strecke immer aufmerksam studiert und bereits vor Kurven oder unübersichtlichen Passagen das Tempo reduziert. Spätestens in Kurvenmitte, wenn er die Übersicht wiedergewonnen hat, beginnt der Bike-Crack dann wieder zu pedalieren. In voller Schräglage auf Schotter oder gar auf feuchtem Untergrund bremsen zu müssen, zeugt von schlechtem Timing und gehört zu den eher unangenehmen Erlebnissen beim Mountainbiking. Dies ist auch eine der wenigen Situationen, in denen die Vorderradbremse nur äußerst zaghaft oder gar nicht eingesetzt werden sollte. Ein wegschmierendes Vorderrad läßt sich nur sehr schwer kontrollieren, während ein ausbrechendes Hinterrad relativ leicht zu bändigen ist.

Taucht in einer Kurve plötzlich ein Hindernis auf, ist es meist besser, das Bike kurz aufzurichten und dann voll abzubremsen, um anschließend mit deutlich vermindertem Tempo auszuweichen. Diese Technik sollten Sie konsequent trainieren, denn auch bei Geradeausfahrt in Verbindung mit einem plötzlich auftauchenden Hindernis kann dies die Rettung sein. Ein Bremsmanöver bis zum völligen Stillstand ist in den seltensten Fällen notwendig und meist auch gar nicht möglich. Üben Sie deshalb regelmäßig, ein Hindernis voll anzubremsen, um dann kurz davor – wie ein Karnickel auf der Flucht – einen Haken zu schlagen.

Wichtig ist es auch, das Bike während des Bremsens locker zu führen und auf gar keinen Fall zu verkrampfen. Oft sind es die extrem feinen, fast unbewußt ausgeführten Gewichtsverlagerungen, die Sie in brenzligen Situationen im Sattel halten, und diese werden unmöglich gemacht, wenn Sie Ihr Mountainbike mit eisernem Griff oder gar völlig verkrampft umklammern. Bei den modernen Bremsen genügt es zudem völlig, jeweils mit Zeige- und Mittelfinger zu bremsen. So haben Sie den Lenker mit den restlichen drei Fingern sicher im Griff. Und noch etwas: Bei aller Begeisterung für die griffigen Barends oder Integral-Lenker, denken Sie daran, daß die Finger am Bremshebel liegen sollten, bevor es brenzlig wird! Das bereits im technischen Teil erwähnte Problem von Cantilever-Bremsen in Verbindung mit Nässe oder Schnee erfordert in solchen Situationen eine ganz besondere Bremstechnik. Weil die Bremsschuhe bei Nässe auf einem Wasserfilm auf der Felgenflanke gleiten, ist die Bremswirkung gleich Null. Jetzt noch kräftiger am Bremshebel zu ziehen, bringt gar nichts. Weitaus wirkungsvoller ist es, die Bremse „stotternd" zu betätigen. Dadurch wird der Wasserfilm zwischen Felge und Bremsschuh zumindest teilweise verdrängt, und eine gewisse Bremswirkung stellt sich ein. Sinnvoll ist es auch, die Bremse bei nasser Witterung in regelmäßigen Abständen ein paarmal kurz hintereinander zu betätigen, um bei Bedarf schneller bremsbereit zu sein.

Schnelle und steile Abfahrten

Rasante Abfahrten sind das Salz in der Suppe des Mountainbikings und nicht zuletzt auch der Lohn für hart erkämpf-

Um einen Überschlag nach vorn zu vermeiden, verlagert der Biker sein Gewicht bei steilen Abfahrten weit nach hinten und hält die Finger bremsbereit an den Bremshebeln

te Anstiege. Aber: Auch wer dem Geschwindigkeitsrausch verfallen ist – und das kann schnell passieren –, sollte so biken, daß er die Situation jederzeit im Griff hat. Wer durch sein Heranpreschen Wanderer oder Spaziergänger in alle Himmelsrichtungen versprengt wie eine Katze die Vögel am winterlichen Futterhaus, der sollte sein Verhalten hinterfragen. Solche Biker sind bei Downhill-Rennen wesentlich besser aufgehoben, und schließlich gibt es hier die Pokale zu gewinnen und nicht im sonntäglichen Forst.

Ansonsten werden Abfahrten mit dem Mountainbike – vor allem auf holprigen Wegen – schon bei recht zivilen Geschwindigkeiten zum erstklassigen Erlebnis. Man muß nicht erst 70 km/h erreichen wie auf topfebener Straße, um das Abenteuer „Tempo" hautnah zu erleben. Auf manchen Wegen sind bereits 30 km/h das Limit und fordern dem Biker alles ab. Für schnelle, rasante Abfahrten ist es grundsätzlich sicherer, wenn die Schuhe fest mit dem Pedal verbunden sind. Ein versehentliches Abrutschen könnte fatale Folgen haben. Mit Haken und Riemen ausgestattete Pedale oder Click-Pedale sind hier erste Wahl. Bodenunebenheiten federt man mit waagerecht gestellten Pedalen und zwischen die Oberschenkel locker eingeklemmter Sattelspitze stehend ab. So wandert der Schwerpunkt leicht nach hinten, das Hinterrad greift besser, und ein Überschlag nach vorn wird erschwert. Zudem läßt sich das Bike so mit leichtem Schenkeldruck mühelos dirigieren, und Wurzeln, Steine oder Querrinnen werden elegant und dynamisch gemeistert. Aus dieser Position heraus ist es auch kein Problem, schnell mal das Vorderrad über ein Hindernis zu lupfen oder gleich komplett darüber zu springen; darüber aber später mehr. Auch bei schnellen Abfahrten gilt: das Bike locker führen und nicht verkrampfen!

Bei extrem steilen Abfahrten, die oft nur im Zeitlupentempo zu meistern sind, muß der Schwerpunkt mit lang ausgestreckten Armen und waagerecht stehenden Pedalen so weit wie irgend möglich nach hinten und unten verlagert werden, damit Sie nicht bei der ersten kleinen Bodenunebenheit über den Lenker dem Tal entgegenfliegen. Dabei setzt der Sattel aber allzu frühzeitig Grenzen. Deshalb wird er für solche Tiefflüge ganz nach unten gesetzt. Hier ist die als Zubehör erhältliche Hite-Rite-Feder recht praktisch. Damit kann während der Fahrt der Sattelschnellspanner gelöst und der Sattel einfach nach unten gedrückt werden. Unten angekommen, wird der Schnellspanner erneut gelöst, und die Hite-Rite-Feder bringt den Sattel automatisch wieder zurück in die Normalposition. Weil bei Steilabfahrten die Tendenz zum Überschlag recht groß ist, die Bremsen nur sehr feinfühlig eingesetzt werden dürfen und die Beschleunigung durch das Gefälle ein übriges tut, sollten Sie das Tempo gar nicht erst zu hoch werden lassen. Auch hier ist ein blockierendes Hinterrad viel leichter in den Griff zu bekommen als ein unkontrolliert bockendes Vorderrad, und so kommt einer gefühlvollen Bremskraftverteilung und -dosierung große Bedeutung zu. Gelenkt wird auch hier in hohem Maße durch Gewichtsverlagerung, indem die Oberschenkel an der Sattelspitze nach rechts oder links drücken. Für solch steile Abfahrten ist es sehr hilfreich, wenn Sie vorher regelmäßig Ihr Gleichgewichtsgefühl trainiert haben, indem Sie extrem langsam fahren, immer wieder anhalten, ohne die Füße von den Pedalen zu nehmen, um dann – kurz vor dem Umkippen – wieder weiterzufahren.

Steile Anstiege

Mit dem Mountainbike sind selbst steilste Anstiege noch im Sattel sitzend zu meistern. Aber anders als die meisten Einsteiger glauben, macht die „Hardware" hier allenfalls 50 Prozent aus. Ohne die richtige Fahrtechnik dreht sich an steilen Anstiegen auch am ausgebufftesten High-Tech-Bike ziemlich schnell kein Rad mehr. Wer es hier nicht schafft, das empfindliche Gleichgewicht zwischen Kraft, Ausdauer und Balance zu finden, der hat schlechte Karten. Kraft allein hat noch keinen Biker über einen anspruchsvollen Berg gebracht. Für lange, zehrende Kletterpartien ist Ausdauer gefragt und damit die Strategie, sich seine Kraft gezielt einzuteilen. Deshalb treten nur Anfänger wie die Bären in die Pedale und werden dabei von den Profis über kurz oder lang locker ausgekurbelt, weil diese ihre Pedalkraft

Für lange Anstiege braucht man die richtige Bike-Technik sowie Ausdauer, Kraft und Balance

gefühlvoll dosieren und bereits leicht zurücknehmen, bevor das Hinterrad durchdreht. Am wichtigsten aber ist es, die richtige Balance zwischen Vorder- und Hinterrad zu halten. Wer am Berg auf dem Sattel zu weit nach hinten rutscht, hat zwar jede Menge Traktion, wird aber permanent mit einem aufsteigenden Vorderrad zu kämpfen haben. Wer zu weit nach vorn rutscht, wird sein Vorderrad problemlos am Boden halten, seine Kraft aber aufgrund des jetzt ständig durchdrehenden Hinterrades nicht mehr in Vortrieb umsetzen können. Die Kunst besteht folglich darin, das empfindliche Gleichgewicht zu finden, bei dem das Vorderrad noch lenkbar und am Boden bleibt und das Hinterrad gleichzeitig genügend Traktion hat, um die Kraft auch auf den Trail zu bringen. Greifen Sie dazu den Lenker, sofern Sie Barends montiert haben, weit vorn, und rutschen Sie auf dem Sattel ebenfalls leicht nach vorn. Je nach Steigungsgrad und Untergrund müssen Sie Ihren Körperschwerpunkt immer leicht verschieben, um die optimale Balance zu halten.

Kurze, extrem steile Zwischenanstiege werden mit Schwung und hoher Trittfrequenz gemeistert, während lange und gleichmäßige Steigungen möglichst locker kurbelnd angegangen werden. An solch langen Anstiegen sollten Sie unter Ihrer Maximalleistung und -trittfrequenz bleiben und möglichst von Anfang an einem kleinen, leicht zu tretenden Gang treu bleiben. So haben Sie immer Reserven für kräftezehrende, noch steilere Zwischenetappen oder wenn der Gipfel nach der vermeintlich letzten Spitzkehre immer noch nicht in Sicht ist (was grundsätzlich der Fall zu sein scheint!). In den Wiegetritt sollten Sie nur dann übergehen, wenn die Traktion gut, also der Untergrund griffig ist. Auf losem Untergrund, am Berg, müssen Sie den Wiegetritt etwas variieren, indem Sie einen leichten Buckel machen, die Arme anwinkeln und dadurch Ihren Schwerpunkt leicht nach vorn und unten bringen. Grundsätzlich ist es im Wiegetritt aber nicht ganz einfach, das Gleichgewicht zwischen aufsteigendem Vorderrad und durchdrehendem Hinterrad zu halten.

Früher oder später aber geht jedem Biker einmal die Luft aus, oder eine hinterhältige Bodenunebenheit bringt ihn aus dem Gleichgewicht, und plötzlich dreht sich kein Rad mehr. An extrem steilen Anstiegen wird es jetzt auch dem Bike-Crack kaum noch gelingen, wieder anzufahren, und er muß sich mit der Frage auseinandersetzen: „Kann denn Schieben Schande sein?“ Mit etwas Glück und an einer nicht gar zu hochprozentigen Steigung gelingt der Start mit Übung und der richtigen Technik. Sollten Sie zum Stillstand gekommen sein, weil Sie es versäumt haben, rechtzeitig zu schalten, heben Sie jetzt erst einmal das Hinterrad hoch, drehen mit einer

Hand an einer Kurbel und legen so den kleinsten Gang ein. Ist der Weg breit genug, können Sie schräg zum Hang anfahren und so wertvollen Schwung gewinnen, bevor Sie Ihre Nase wieder bergwärts richten. Ansonsten bleibt Ihnen nichts anderes übrig, als den rechten Fuß aufs 45 Grad nach vorn und oben weisende Pedal zu stellen, sich mit dem linken Fuß kräftig abzustoßen und möglichst schnell die Balance zwischen Vorder- und Hinterrad herzustellen. Mit der Hinterradbremse können Sie das Zurückrollen effektiv verhindern. Der Erfolg der ganzen Aktion steht und fällt dabei mit dem Geschick, den linken Fuß so schnell wie möglich optimal auf dem Pedal zu plazieren, um rund weitertreten zu können, während der rechte Fuß mühsam wieder nach oben gebracht werden muß. Mit Click-Pedalen erfordert das reichlich Übung, während es mit normalen Pedalen relativ einfach vonstatten geht. Nach Haken und Riemen fischen Sie dabei erst, wenn Sie wieder mit sich, dem Berg und Ihrem Bike im Lot sind. Sollte ein Baum, Fels oder ähnliches zur Verfügung stehen, scheuen Sie sich nicht, seine Hilfe anzunehmen. Mit beiden Füßen fest auf den Pedalen stehend, können Sie sich so mit einer Hand festhalten und zudem noch hin- und herschaukelnd – wie ein Bobfahrer vor dem Start – Schwung holen.

Vom Umgang mit Hindernissen

Selbst das robusteste Mountainbike stößt irgendwann an die Grenzen seiner Belastbarkeit. Tief ausgewaschene Querrinnen, Felsbrocken, glitschige Wurzeln, herabgestürzte Äste oder gar umgestürzte Bäume wollen mit Respekt be-

Die Kunst, das Vorderrad rechtzeitig über ein Hindernis zu heben, sollte jeder Biker beherrschen

handelt werden; was nicht heißen soll, daß all diese geschilderten Hindernisse von einem erfahrenen Biker nach einem kurzen, aber herzhaften Zug am Lenker einfach „überflogen" werden. Im Gegenteil: Viele Situationen zwingen zum Absteigen und Schultern des Bikes, um haarige Passagen zu meistern, oder werden einfach elegant umfahren.

Die einfachste Grundregel wurde schon mehrmals angesprochen, nämlich die Tatsache, daß nur Anfänger stur im Sattel sitzend in die tiefsten Löcher und Querrinnen knallen. Nach den ersten Ausfahrten wird jedem klar, daß es angenehmer für das Bike und vor allem auch für die eigenen Knochen ist, grobe Bodenunebenheiten dynamisch mit den Beinen und Oberarmen abzufedern.

Soll ein Hindernis bei langsamer Gangart überwunden werden, wird zuerst das Vorderrad angehoben. Dazu verlagert der Biker sein Gewicht nach hinten und zieht gleichzeitig am Lenker

Stellen Sie dazu die Kurbeln waagerecht, und gehen Sie leicht aus dem Sattel. So läßt sich das Bike hervorragend kontrollieren, weil die Sattelspitze zwischen den Oberschenkel eingeklemmt ist und so auch spontane Ausweichmanöver durch leichten Schenkeldruck möglich werden.

Der nächste Schritt wäre dann, das Vorderrad über groben Bodenunebenheiten oder über tiefen Querrinnen kurz anzuheben und diese damit elegant zu überwinden. Verlagern Sie dazu einfach Ihr Gewicht etwas nach hinten, und ziehen Sie den Lenker nach oben. Mit dieser Technik werden auch urbane Hindernisse wie Bordsteine, Schlaglöcher oder Schienen sicher überwunden.

Wenngleich es wesentlich unangenehmer ist, mit dem Vorderrad gegen ein Hindernis zu prallen als mit dem Hinterrad, so ist es doch eleganter und vor allem materialschonender, auch das letztere sanft darüber zu lupfen. Wenn Sie also beispielsweise einen Felsbrocken oder einen kräftigen, über dem Weg liegenden Ast elegant überwinden wollen, rollen Sie langsam an das Hindernis heran, gehen aus dem Sattel, verlagern Ihr Gewicht nach hinten und heben das Vorderrad durch entsprechenden Zug am Lenker darüber. Um jetzt nicht voll mit dem Hinterrad gegen das Hindernis zu stoßen, müssen Sie Ihr Gewicht nun schnell nach vorn bringen und das Hinterrad durch Zug an den Pedalen (Haken und Riemen oder Click-Pedale vorausgesetzt) ebenfalls darüber lupfen. Das ist alles ganz einfach, hat man die Abfolge der einzelnen Schritte erst einmal verinnerlicht. Am besten trainieren Sie diese Technik an einem ruhigen Plätzchen, beispielsweise mit einem Backstein oder einem ähnlichen Hindernis.

Der „Bunny Hop"

Mit zunehmender Routine und Zuversicht werden Sie schnell feststellen, daß sich die eben beschriebene Technik nur bei sehr langsamer Fahrt anwenden läßt. Taucht beispielsweise eine Querrinne plötzlich und unerwartet in einer schnell gefahrenen Kehre auf, oder wollen Sie vor dem Hindernis nicht erst extrem abbremsen müssen, um anschließend wieder mühsam das Ausgangstempo zurückzuerlangen, bekommen Sie mit dieser Technik nur das Vorderrad rechtzeitig hoch. Der Bike-Crack löst das Problem souverän, indem er sein Mountainbike zum „Überflieger" macht. Vorder- und Hinterrad werden dabei, was bei hohem Tempo verständlicherweise unmöglich ist, nicht mehr hintereinander angehoben, sondern gleichzeitig. Dieser Trick bekommt, weil „Häschen hüpf" nun wirklich zu infantil und unprofessionell klingen würde, einen aus dem Englischen entliehenen und deshalb auch viel trendmäßigeren Namen: „Bunny Hop". Beim Bunny Hop werden also Hindernisse regelrecht überflogen, und dieses Manöver sollte jeder ernsthafte Biker beherrschen. Es ist nämlich oft die letzte Chance, ein plötzlich auftauchendes Hindernis, das nicht umfahren werden kann und vor dem auch der Weg nicht mehr zum Abbremsen ausreicht, doch noch ohne Abgang über den Lenker zu meistern. Natürlich sollten Sie in solch eine prekäre Situation gar nicht erst kommen, aber ab und an passiert es eben auch dem vorsichtigsten Biker.

Wer den Bunny Hop konsequent trainiert, wird schnell feststellen, daß er zu einem flüssigen Fahrstil gehört wie der Reifen zur Felge, und er wird staunen, wie weit und hoch es sich mit zunehmendem Tempo und Geschick springen läßt. Üben sie den Bunny Hop zunächst auf glattem Untergrund ohne

Mit etwas Übung und der richtigen Technik wird das Mountainbike zum Tiefflieger, und Hindernisse wie Äste, Steine oder Querrinnen werden im „Bunny Hop" souverän übersprungen

Hindernis und bei relativ niedrigem Tempo. Das Gefühl für den richtigen Zeitpunkt des Absprungs wird erst später trainiert und stellt sich, ist die eigentliche Sprungtechnik erst einmal perfektioniert, schnell ein. Um vor allem bei relativ geringem Tempo die in diesem Falle doch eher lästigen Gesetze der Schwerkraft zu überlisten, lassen Sie sich einfach von der Spannkraft Ihrer prallen Pneus unterstützen. Mit waagerecht gestellten Kurbeln – auf den Pedalen stehend – pressen Sie die Reifen zusammen, indem Sie Ihr Körpergewicht blitzartig nach unten drücken. Anschließend ziehen Sie Lenker und Pedale nach oben und heben so, unterstützt durch die Rückfederkraft der Reifen, vom Boden ab. Die Übung wird natürlich durch mit Haken und Riemen ausgestattete Pedale oder Click-Pedale wesentlich vereinfacht. Es gibt Cracks, die behaupten, es ginge auch mit "nackten" Pedalen. Indem Sie den Lenker gleichzeitig mit dem Nachobenziehen auch noch leicht nach vorn drücken und die Fußspitzen etwas nach unten richten, verkeilen Sie sich regelrecht zwischen beiden Punkten. Nach einiger Zeit stellt sich dann automatisch auch das richtige Gefühl für die optimale Gewichtsverteilung ein, und es wird spielerisch möglich, beide Räder gleichzeitig vom Boden abzuheben. Je sicherer Sie diese Übung beherrschen, desto höher und weiter werden Sie springen, vor allem mit zunehmendem Tempo. Haben sie dann auch noch das Gefühl dafür entwickelt, nach dem Sprung immer mit beiden Rädern gleichzeitig aufzusetzen – sehr wichtig, wenn es einmal bergab geht – , können Sie sich an die ersten leichten Hindernisse heranwagen. Schnell werden Sie den Dreh heraus haben, nicht zu früh und nicht zu spät zu springen. Auch Längsrinnen oder Bordsteine können so mit Bravour gemeistert werden. Lenken Sie dazu erst vom Hindernis weg, um dann wieder in dessen Richtung, einen Haken schlagend, in möglichst stumpfem Winkel darüberzuhüpfen.

Die richtige Kleidung

Die richtige Kleidung

Sicherlich kann man sich mit so ziemlich jeder Klamotte aufs Bike schwingen und beherzt in die Pedale treten. Genauso wie aber kein Mensch auf die Idee kommen würde, im Jogginganzug Schwimmen zu gehen oder nur mit einer Badehose bekleidet zum Skilanglauf anzutreten, wird auch dem Mountainbiker über kurz oder lang klar werden, daß funktionelle Radkleidung weit mehr ist als modischer Schnickschnack. Spätestens bei der ersten schweißtreibenden Bergtour mit anschließender Abfahrt in eisigem Regen wird jeder erkennen, wie wichtig funktionelle Bike-Kleidung ist.

Funktionelle Bike-Kleidung hat im wesentlichen drei Hauptaufgaben zu erfüllen. Radhelm, Radhandschuhe, Brille, leuchtende Farben und Reflexstreifen tragen zur passiven Sicherheit bei, Thermounterwäsche und Trikots aus Kunstfasern sowie Wind- oder Regenjacken halten Sie trocken und schützen vor dem Auskühlen, während enganliegende Radhosen und spezielle Radschuhe für Effektivität beim Biken sorgen. Wie bei allen Outdoor-Sportarten empfiehlt es sich auch beim Mountainbiking, sich nach dem Zwiebelprinzip zu kleiden. Mehrere dünne Kleidungsschichten übereinander getragen erlauben es, je nach Witterung oder körperlichem Einsatz, eine oder gleich mehrere Schichten abzulegen bzw. schnell wieder überzuziehen.

Microshell-Helme sind „state of the art" für Mountainbiker geworden – die Helmtragequote ist bei Bikern erfreulich hoch

Helm

Bei Mountainbikern ist die Helmtragequote erfreulich hoch, und das ist auch gut so. Eine amerikanische Studie hat nämlich ergeben, daß sich 80 Prozent der Kopfverletzungen durch das Tragen eines Helms vermeiden lassen. Moderne Fahrradhelme wiegen deutlich unter 300 Gramm, und selbst der schwerste Helm ist immer noch besser als der leichteste Sarg. Gute Helme sind optimal belüftet und durch auswechselbare Polster individuell an die Kopfform anzupassen. Die Paßform ist mit das wichtigste Kriterium beim Helmkauf. Einen perfekt sitzenden Radhelm spüren Sie bereits nach ein paar Minuten nicht mehr, und nur dann werden Sie ihn

Bei der großen Auswahl an Radhelmen sollte es für jeden möglich sein, ein perfekt sitzendes Modell zu finden

auch ständig tragen. Microshell-Helme sind inzwischen „state of the art“ für Mountainbiker. Der Kern dieser Helme besteht meist aus Polystyrol (EPS) und ist verantwortlich für die Stoßabsorbierung, während die äußere Schale (im Englischen „shell“) aus einem dünnen, leichten und harten Kunststoff besteht, der Schmutz und kleinere Gegenstände am Eindringen hindert. Achten Sie auch auf die Prüfnorm. Helmen, die die amerikanische SNELL-Norm erfüllen, können Sie bedenkenlos vertrauen. Die SNELL-Norm stellt sehr hohe Anforderungen und wird von einer unabhängigen Institution überprüft, während die ANSI-Norm nur das Prüfverfahren vorgibt und die Durchführung vertrauensvoll den Helmherstellern überläßt.

Brille

Sie wissen ja, woran man den freundlichen Biker erkennt: richtig, an den Fliegen zwischen den Zähnen. Und einen dämlichen Biker erkennt man ebenso leicht: an den Fliegen im Auge, weil er keine Radbrille trägt. Eine gute Radbrille ist essentiell, denn sie schützt die Augen nicht nur vor Fliegen, sondern auch vor Regen und Zugluft. Wem schon einmal während einer schnellen Abfahrt ein Insekt ins ungeschützte Auge geflogen ist, dem braucht niemand mehr zu erklären, wie wichtig der Schutz der Augen ist. Gute Radbrillen beschlagen kaum, und die Kunststoffscheiben können – sollten sie einmal verkratzt sein – problemlos nachgekauft werden. Wer seine Radbrille nicht ständig auf der Nase haben will, trägt sie an einem Band um den Hals und hat sie während der Fahrt immer griffbereit.

Handschuhe

Radhandschuhe polstern die Hände gegenüber dem Lenker angenehm ab und machen lange Touren erträglich. Des weiteren gewährleisten sie optimalen Grip auch bei verschwitzten Händen. Mit dem hoffentlich saugfähigen Material auf dem Handrücken kann man sich den Schweiß von der Stirn wischen, und schließlich schützen Radhandschuhe vor Abschürfungen, sollten Sie die Gesetze der Physik wieder ein-

Radhandschuhe schützen nicht nur im Falle eines „Falles“, sie dämpfen auch Fahrbahnstöße

mal allzu sträflich mißachtet haben. Sinken die Außentemperaturen, werden die fingerlosen Sommermodelle durch wärmere Fingerhandschuhe ersetzt. Bei klirrender Kälte können zusätzlich Seidenhandschuhe untergezogen werden, oder es wird gleich auf Fausthandschuhe umgestiegen.

Sportunterwäsche und Radtrikots

Direkt auf der Haut getragene Sportunterwäsche sorgt bei kühler Witterung dafür, daß Sie trotz der schweißtreibenden Angelegenheit, die Mountainbiking nun einmal ist, immer warm und verhältnismäßig trocken bleiben. Kunstfasern nehmen nicht mehr als 2 Prozent ihres Eigengewichts an Feuchtigkeit auf (Wolle bis zu 20 Prozent!) und sorgen dafür, daß der Schweiß vom Körper weg zur nächsten Kleidungsschicht geleitet wird. Solche Thermo- oder Sportunterwäsche wurde ursprünglich für schwedische Hochofenarbeiter entwickelt, die hohen Temperaturschwankungen ausgesetzt sind, und hat sich längst auch die Welt des Sports erobert. Radtrikots werden ebenfalls aus Kunstfasern hergestellt, die den Schweiß vom Körper wegtransportieren. Sie werden mit ihrem funktionellen Schnitt, den praktischen Taschen auf dem Rücken sowie einem relativ hohen Kragen, der bei Bedarf mit einem Reißverschluß geschlossen werden kann, schnell unersetzlich.

Windjacke

Superleichte Windjacken aus Microfaser – weniger als 300 Gramm sind keine Seltenheit – schützen vor Auskühlung durch den Fahrtwind, machen den Biker mit Hilfe von Reflexstreifen weithin sichtbar und passen locker in die Trikottasche. Auch einen kurzen Regenschauer übersteht man mit solch einer Windjacke einigermaßen trocken. Um aber trocken durch hartnäckigen Dauerregen zu kommen, sollte es schon eine richtige Regenjacke sein. Wer seine Regenjacke universell einsetzen möchte, ist mit einer Trekking-Jacke aus dem Outdoor-Bereich aus atmungsaktivem, wind- und wasserdichtem Material bestens bedient. Wer dagegen viel und engagiert mit dem Mountainbike unterwegs ist, fährt mit einer leichteren und im Rückenbereich länger geschnittenen Radregenjacke deutlich besser. Diese Kleidungsstücke werden meist in Signalfarben und mit Reflexstreifen angeboten, haben wenig oder gar keine Außentaschen, durch die der Fahrtwind über kurz oder lang den Regen ins Innere drückt, und oft auch noch Lüftungsschlitze unter den Armen. Wasserdicht beschichtete Materialien wie Nylon oder ähnliches sind weniger zu empfehlen. Sie lassen den Biker bereits am ersten leichten Anstieg im eigenen Saft schmoren. Besser, aber auch erheblich teurer, ist Regenkleidung aus atmungsaktiven und dennoch wind- und wasserdichten Materialien. Diese lassen Schweiß in einem

Windjacken sorgen dafür, daß Sie auch bei langen Abfahrten nicht auskühlen

gewissen Rahmen passieren. Mit den bis zu zwei oder mehr Litern an Schweiß, die ein am Limit fahrender Biker in der Stunde absondert, werden aber auch die besten High-Tech-Materialien nicht mehr fertig. Deshalb ist es wichtig, bei kühler Witterung in Verbindung mit starker körperlicher Anstrengung in jedem Fall Sportunterwäsche zu tragen. Auch bei den Regenhosen sind spezielle Radhosen die bessere Wahl. Durch den vorgeformten Kniebereich, den doppelten Hosenboden und die eng verschließbaren Beinabschlüsse sind sie hervorragend auf die Bedürfnisse des Bikers abgestimmt. Man braucht sie aber nur bei recht kühler Witterung, weil bei sommerlichen Temperaturen auch im Regen die Beine durch die Bewegung fast immer warm bleiben.

Radhose

Ebenfalls ganz weit vorn in Sachen Funktionalität rangiert eine Radhose. In kurzer oder langer Ausführung erhältlich, wird sie direkt auf der Haut getragen und erstickt durch das eingenähte

Eine Radhose mit einem „Sitzleder" aus Kunstfasern gehört mit zu den funktionellsten Kleidungsstücken für den Biker

Sitzleder Sitzbeschwerden bereits im Keim. Früher bestand das Sitzleder meist aus Hirsch- oder Rehleder, heute wird es immer häufiger aus Kunstfaservlies hergestellt. Echtes Leder trocknet nämlich nur sehr langsam, muß regelmäßig gefettet werden und wird früher oder später dann doch brüchig. Kunstfaser dagegen trocknet im Nu und ist sehr pflegeleicht. Dank des elastischen Gewebes sitzt eine Radhose wie eine zweite Haut; es zwickt und kneift nichts, der Kontakt zum Bike ist optimal, und es läßt sich effektiver pedalieren.

Radschuhe

Wer sein Bike mit Click-Pedalen ausstatten möchte, kommt auch an der Anschaffung spezieller Radschuhe nicht vorbei. Denn nur an ihnen lassen sich die erforderlichen Schuhplatten montieren. Aber auch in Verbindung mit herkömmlichen Pedalen bedeuten Radschuhe ein Plus an Tretkraft. Durch die steife Sohle wird die Kraft optimal aufs Pedal übertragen, und schmerzende Fußsohlen gehören damit ebenfalls der Vergangenheit an, weil der Mittelfuß beim Treten nicht mehr durchgedrückt werden kann. Achten Sie beim Kauf auf einen nicht zu engen Schnitt, weil Ihnen sonst schnell die Füße einschlafen. Für den Mountainbiker kommen nur speziell für seine Sportart konzipierte Pedaltreter in Betracht; denn nur sie sind mit griffigen Sohlen und darin versenkter Schuhplatte versehen, was sie auch zum Gehen – beispielsweise an steilen Schiebepassagen – tauglich macht.

Mit speziellen Radschuhen erreichen Sie eine optimale Übertragung der Trittkraft auf die Pedale und vermeiden schmerzende Fußsohlen

Mountainbike und Umwelt

Mountainbike und Umwelt

Wer mit seinem Mountainbike auf den Wegen bleibt, kann mit gutem Umwelt-Gewissen in die Pedale treten

Jede Medaille hat ihre Kehrseite, und ganz sicher bergen sehr viele Sportarten – Mountainbiking selbstverständlich eingeschlossen – die Gefahr in sich, der Natur zu schaden. Fahrer beispielsweise, bei denen das Bike zum high-tech-orientierten Selbstzweck verkommen ist und für die Natur und Umwelt nichts anderes mehr sind als ein großer, kostenloser Abenteuerspielplatz, sind durchaus in der Lage, Schaden anzurichten. Fauna und Flora sind für sie allenfalls schmückendes Beiwerk und nicht Anreiz für den

Aufenthalt in der entdeckens- und schützenswerten Natur. Erosion gar – verursacht durch Bremsmanöver mit blockierendem Hinterrad – ist ein gänzlich unbekanntes Fremdwort für diese zahlenmäßig glücklicherweise kleine Biker-Gruppe. Ebenso wie bei den Skifahrern, die mit messerscharfen Stahlkanten erosionsgefährdete Hänge rasieren, oder bei begeisterten Winterwanderern, die durch Querfeldeinmärsche das ruhebedürftige Wild verschrecken, sorgt auch bei den Mountainbikern ein verschwindend geringer Prozentsatz für ein schlechtes Image – von den klassischen, meist mit Emotionen völlig überladenen Interessenskonflikten zwischen Bikern, Wanderern und Forstleuten ganz zu schweigen. Analysiert man das Wehgeschrei der Mountainbike-Gegner aber genauer, kommt man um den Verdacht nicht herum, daß hier wieder einmal eine kleine Gruppe ohne eigene Lobby dafür herhalten soll, von den eigentlichen Problemen abzulenken. Wenn man die Schäden an Waldwegen betrachtet, die durch die schweren Rückegeräte der Forstleute entstehen, oder wenn man einmal erlebt hat, wie ein im Tiefflug über den Wald donnernder Militärjet das Wild verschreckt, relativiert sich der Schaden, den ein vernünftig bewegtes Bike anzurichten in der Lage ist, ganz von selbst. Und schließlich ist auch jeder Wanderer in der Lage, mit derben Schuhen und rücksichtslosem Tritt empfindliche Flora zu zertrampeln.

Chancen und Gefahren

Wer die Natur sucht und schätzt, wird mit dem Bike auch keinen Schaden in ihr anrichten

Die positiven Chancen für die Umwelt, die sich aus dem Mountainbike ergeben, wiegen dagegen mit Sicherheit schwerer. Zum einen hat das Mountainbike in den vergangenen Jahren zahllose Menschen wieder aufs Fahrrad gebracht, und zum

anderen ist schon so mancher begeisterte Mountainbike-Sportler zum konsequenten Alltagsradler mutiert, der das Auto immer öfter in der Garage stehen läßt und Training, Naturerlebnis und Zweckfahrten auf geniale Weise miteinander verbindet. Während die "Klinge" High-Tech-Bike als reiner Selbstzweck schnell stumpf wird, liegt die wahre Faszination des Mountainbikings doch ganz klar in den ungeahnten Möglichkeiten, die Natur und sein eigenes Leistungsvermögen neu zu entdecken. Abseits unserer überlasteten Straßen, auf einem weiträumigen Netz an Forststraßen und Wirtschaftswegen, entwikkelt sich plötzlich wieder Begeisterung für die schräg durch den nebligen Buchenwald einfallenden Sonnenstrahlen, für den aromatischen Duft einer Brombeerhecke oder das Trommeln eines Spechtes in unmittelbarer Nähe. Wer die Natur auf diese Art und Weise für sich entdeckt hat, dem wird es nicht schwerfallen, auf den einen oder anderen Wanderweg zu verzichten und besonders empfindliche Naturgebiete generell zu meiden. Daß ein Mountainbike abseits von Wegen und Pfaden, also auf Wiesen, in Feuchtgebieten oder gar in Bachbetten, nichts zu suchen hat, braucht hoffentlich nicht extra erwähnt zu werden. Querfeldeinfahrten sind schlichtweg tabu.
Und wenn bei Gruppenfahrten immer mal wieder einer dabei ist, der auf Teufel komm raus heizen muß und ohne Rücksicht auf Verluste die Genußtour in eine Rennveranstaltung verwandeln möchte, sollten die anderen ihm klarmachen, daß er sich in der freien Natur befindet und sich entsprechend zu verhalten hat. Extremer sportlicher Ehrgeiz kann und soll bei Rennveranstaltungen auf ausgewiesenen Strecken befriedigt werden.

Daß Rücksichtnahme auf Wanderer und Spaziergänger selbstverständlich ist, dürfte ebenfalls einleuchten. Schließlich hat jeder ein Recht darauf, sich in der Natur zu bewegen, und ein freundlicher Gruß in Verbindung mit einem angepaßten Tempo beim Passieren – vielleicht sogar ein kurzes Gespräch – zeigen schnell, daß man problemlos miteinander auskommen kann und Platz für beide Seiten da ist. Ebenso sollte es zum Ehrenkodex eines jeden Bikers gehören, Anstiege aus eigener Kraft zu bewältigen und nicht einfach mit der Bergbahn den Gipfel zu stürmen. Fahren Sie bitte auch keine 200 Kilometer mit dem Auto und dem Bike auf dem Dach, um anschließend für eine Stunde Fahrrad zu fahren. Fahren Sie mit der Bahn oder möglichst mit dem Bike zum Biken. So sind Sie Teil der Lösung eines Umweltproblems und nicht das Problem selbst.

Auf Tour und im Wettbewerb

Auf Tour und im Wettbewerb

Unter Mountainbikern gibt es neben den zahlreichen Alltags- und Hobby-Bikern zwei Pole. Zum einen wären da die Reisefreaks, denen die Tour nicht extrem genug sein kann, und zum anderen die Sportler, die sich unter Wettkampfbedingungen mit anderen Bikern messen wollen. Beiden Polen bietet das Mountainbike eine ideale Ausgangsbasis.

Auf Tour

So verwundert es niemanden mehr, daß immer mehr Reiseradler und Globetrotter in die gezackten Pedale eines Mountainbikes treten. Sicherlich ist ein zum Lastenesel umgerüstetes Mountainbike auf befestigten, asphaltierten Straßen nicht ganz so schnell wie ein klassisches Reiserad. Dafür aber ist es, werden erst einmal Naturpisten oder Schotterstraßen unter die breiten Reifen genommen, aufgrund seiner robusten Natur nahezu unschlagbar. Gerade mit hoher Zuladung in Verbindung mit schlechten Straßen und Wegen zeigt ein Mountainbike – die entsprechende Rahmengeometrie vorausgesetzt – seine wahren Stärken und glänzt durch souveränes Handling und große Zuverlässigkeit. Widerstandsarm rollende Reifen, ein Lenker mit diversen Griffmöglichkeiten und eine nicht zu extreme Sitzposition tragen ebenfalls dazu bei, die Tour mit dem Bike nicht zur „Tortour" werden zu lassen.

Wichtig ist es auch, das Gepäck gleichmäßig auf dem Bike zu verteilen, um ein ausgeglichenes Fahrverhalten mit hoher Zuladung zu gewährleisten. Es sollte also unbedingt vorn und hinten ein Gepäckträger montiert werden. Für Touren auf Straßen, Pisten und relativ ordentlichen Wegen wird vorn ein Lowrider montiert. Er erlaubt es, die Packtaschen genau in Höhe der Vorderradachse aufzuhängen. Dadurch bleibt das Lenkverhalten angenehm neutral. Wer dagegen viel im Gelände fährt und auch vor schmalen und verwinkelten Pfaden nicht haltmacht, fährt besser mit einem herkömmlichen Vorderrad-Gepäckträger, um die Taschen weiter oben und dadurch relativ sicher vor „Feindberührung" aufhängen zu können. Unterwegs benötigter Kleinkram kommt in eine Lenkertasche, die aber nicht allzu schwer bepackt werden sollte. Viel mehr als zwei Kilogramm sollten es nicht sein. Etwa 40 Prozent des Gewichts gehören in die vorderen Packtaschen, der Rest in die hinteren. Für anspruchsvolle Touren sind die stabilsten Träger und robustesten Taschen gerade gut genug, und die

Taschen sollten zusätzlich mit Spanngurten fixiert werden. Sicherlich stellt diese Art des Reisens mit dem Mountainbike aber einen Grenzbereich dar. Allzu oft muß auf Grund der hohen Zuladung geschoben werden, und das Fahren selbst wird schnell zur Schinderei.

Wer gern auf kleinen Pfaden die Gegend erkundet, ist meist besser beraten, von einem Basislager aus Tagestouren nur mit einem kleinen Rucksack zu unternehmen. Mit dem vollbepackten Bike geht es dann anderntags weiter, immer auf der Suche nach neuen, lohnenden Revieren. Viele Mountainbiker unternehmen auch Bergtouren von Hütte zu Hütte und führen nur das Allernotwendigste im Rucksack mit sich.

Wettbewerbe

Lebt der Reisefreak erst so richtig auf, wenn er seinem Entdeckerdrang freien Lauf lassen kann und der Weg zum Ziel wird, ist das beim Mountainbike-Sportler immer dann der Fall, wenn der Schweiß in Strömen fließt, das Adrenalin nicht mehr aus der Blutbahn wegzudenken ist und um Zehntelsekunden gekämpft wird. Schon lange bevor die ersten Mountainbikes das Licht der Wettbewerbswelt erblickten, wurden auf leichten, zerbrechlich wirkenden Rennmaschinen Querfeldeinrennen ausgetragen. Die Räder wurden bei diesen Wettbewerben viel getragen, oft kaputtgefahren und regelmäßig während des Rennens gewechselt. Ohne einen flinken

Das Mountainbike ist der richtige Partner, um auf Naturpisten faszinierende Landschaften zu entdecken

Allen Skeptikern zum Trotz, hat sich das Mountainbike fest im Wettbewerbsbereich etabliert

Mechaniker konnte auch der schnellste Querfeldeinfahrer nur wenig ausrichten. Bei den kalifornischen Querfeldeinmeisterschaften 1980 zeigte dann Gary Fisher, daß es auch anders geht. Er trat – zuerst noch mitleidig belächelt – mit einem Mountainbike an, beendete das Rennen, ohne auch nur einen Werkzeugkasten anzuschauen, und nahm wie selbstverständlich den Senioren-Sieg mit nach Hause.

Seitdem hat sich das Mountainbike auch im Wettbewerbsbereich etabliert. Zahlreiche Sponsoren, Profi-Biker und Fernsehübertragungen sind Beweis genug für die Attraktivität des Mountainbike-Sports nicht nur bei den Akteuren selbst, sondern gerade auch bei den Zuschauern. Ab 1996 gehört Mountainbiking sogar zu den olympischen Disziplinen. Wer würde da widersprechen wollen, wenn von einer steilen Karriere dieser Sportart gesprochen wird? So haben auf der einen Seite Hobby-Rennen immer größere Teilnehmerzahlen zu verzeichnen, und auf der Profi-Seite sind Werksteams in Verbindung mit finanzstarken Sponsoren längst Alltag geworden. Neben den zahlreichen Cross-Country-Wettbewerben ziehen vor allem Downhill-Rennen immer mehr begeisterte Zuschauer an. Modernen Gladiatoren gleich, stürzen sich die Akteure auf vollgefederten, scheibengebremsten Renn-Boliden die steilsten Berge hinab. Wer zuerst bremst, verliert – alles frei nach dem Motto „if life gets boring, risk it" (auf gut deutsch: „Wenn dein Leben langweilig wird, setze es aufs Spiel!"). Auf der anderen Seite steht der eher ein Mauerblümchendasein fristende, aber nicht weniger faszinierende Trialsport. Hierbei handelt es sich um die Kunst, mit speziellen Mountainbikes im Zeitlupentempo dort noch zu fahren, wo die meisten sich längst weigern, zu Fuß zu gehen. Die breite Basis des Mountainbikesports aber bilden die Cross-Country-Rennen, bei denen auf einer abgesperrten und mal mehr, mal weniger anspruchsvollen Rundstrecke kräftezehrende Steilanstiege und rasante Downhills den Fahrern Kraft, Kondition und Fahrkönnen abverlangen.

Anhang

Fachbegriffe

Ahead-Set
Wortkombination aus dem Englischen: »ahead« = voraus und »headset« = Steuersatz. Steuersatz, bei dem das Lagerspiel nicht mehr über ein Gewinde auf dem Gabelschaftrohr eingestellt wird, sondern über einen speziellen Vorbau. Dieser gleitet auf dem glatten Gabelschaftrohr und wird auf diesem, ist das Lagerspiel korrekt eingestellt, festgeklemmt.

Anti-Chain-Suck-Device
unter Innenlager/rechter Kettenstrebe verschraubtes Metall-Profil; verhindert das Einklemmen der Kette zwischen Kettenblatt und Kettenstrebe.

Anlötteile
mit dem Rahmen verschweißte bzw. verlötete Gewindebuchsen oder Ösen zur Befestigung von Flaschenhaltern, Schutzblechen und Gepäckträgern sowie die Kabelstopper zur Abstützung der Bowdenzüge.

Ausfallende
mit Rahmen bzw. Gabel verschweißte oder verlötete, umgekehrt U-förmige Aufnahmen für die Achsen der Laufräder. Häufig zusätzlich mit Anlötteilen für die Schutzblechbefestigung sowie hinten rechts mit einem zusätzlichen Gewinde für die Befestigung des Schaltwerks versehen. Meist hergestellt aus geschmiedetem Stahl, teilweise auch aus Feinguß.

bar
Maßeinheit für den Luftdruck.

Barends
an den Lenkerenden befestigte gerade oder L-förmige Rohrstücke, die wertvolle zusätzliche Griffmöglichkeiten bieten; auch Lenkerhörnchen oder Bull Horns genannt.

Bike
beliebte Abkürzung der Mountainbike-Szene für Mountainbike.

Bottom Brake
unter den Kettenstreben montierte, auch U-Brake genannte U-förmige Mittelzugbremse, die spezieller Bremssockel bedarf und kaum noch montiert wird.

Bowdenzug
in einer Hülle aus spiralenförmig gewickeltem Flachdraht(außen kunststoffummantelt) verlaufendes Drahtseil zur Betätigung von Bremsen und Schaltung. Meist mit reibungsmindernder Tefloninnenhülle versehen.

Brake-Booster
Verstärkungsbügel – meist aus Alu –, der auf die Bremssockel montiert wird, das Bremssystem versteift und damit Druckpunkt und Bremsleistung verbessert, quietschende Bremsen verhindert und in Verbindung mit Federgabeln auch während des Bremsvorgangs ein gutes Ansprechverhalten derselben garantiert.

Bremssockel
an Rahmen und Gabel angelötete oder angeschweißte Bolzen, auf denen die Bremsarme drehbar verschraubt werden.

Bunny Hop
Fahrtechnik, mit der ein Hindernis (Graben, Stein, kleinerer Baumstamm) durch das gleichzeitige Anheben beider Räder ohne Berührung übersprungen wird.

Butted
endverstärktes Rahmenrohr. Meist werden Rahmenrohre beidseitig endverstärkt (double butted), d. h. die Wandstärke nimmt zu den Enden hin zu, weil die Rohre hier stärker belastet werden.

Cantilever-Bremse
sehr steife und leichte Bremse, bei der zwei unabhängige, durch ein Querkabel miteinander verbundene kurze Bremsarme auf speziellen Anlötteilen (Bremssockel) an Gabel bzw. Sitzstreben montiert werden.

Chainsuck
zwischen Kettenstrebe und Kettenblatt eingeklemmte Kette, meist verursacht durch eine peitschende Kette in rauhem Gelände.

Clickpedal
Pedalsystem, bei dem der Schuh mittels einer in die Sohle integrierten Halteplatte, ähnlich einer Skibindung, fest auf dem Pedal einrastet. Ausgelöst wird, indem man die Fersen nach außen dreht.

Cromoly
Kürzel für mit Chrom und Molybdän legierten (verbesserten) Stahl; am häufigsten bei Rahmenrohren verwendet.

Diamant-Rahmen
klassische Rahmenbauform, aufgebaut aus steifen Dreiecken, die durch die Rahmenrohre gebildet werden und die in ihrer Anordnung leicht an die kristalline Struktur eines Diamanten erinnern.

Doppeldickendspeiche
an den Enden im Durchmesser verstärkte Speiche, die bei geringerem Gewicht gleich stabil ist wie eine mit konstantem Durchmesser gefertigte Speiche

Downhill-Bike
Mountainbike für Abfahrtsrennen mit spezieller Rahmengeometrie, extrem leistungsfähigen Bremsen (Scheibenbremsen) und meist mit gefederter Vorderradgabel und gefedertem Hinterbau.

Elevated Chainstays
nach oben gezogene Kettenstreben; Ziel: Realisierung eines extrem kurzen Hinterbaus. Weiterer Vorteil: kein Chainsuck mehr möglich.

Entfaltung
Angabe über den pro Kurbelumdrehung zurückgelegten Weg. Bei Ü=4 (siehe Übersetzungsverhältnis) und einem Reifenumfang von 2,1 m beispielsweise beträgt die Entfaltung 8,4 m.

Federgabel
spezielle Vorderradgabel, die Bodenunebenheiten abfedert mit dem Ziel, den Fahrkomfort, die Sicherheit (durch verbesserten Bodenkontakt des Vorderrads) sowie die erreichbare Höchstgeschwindigkeit auf schlechtem Untergrund zu erhöhen.

Federgabelnabe
Speziell für Federgabeln konzipierte Vorderradnaben, die durch eine möglichst großflächige Klemmung in Verbindung mit stabilen Achsen die Verdrehsteifigkeit der Federgabel erhöhen.

Fillet Brazing
Lötverfahren, bei dem Rahmenrohre aus Stahl muffenlos verlötet werden. Zu erkennen an den gleichmäßigen, in sanften Rundungen verlaufenden Rohrverbindungen.

Freilauf
zwischen Ritzelpaket und Hinterradnabe sitzende Vorrichtung, die es erlaubt, nur in Fahrtrichtung Pedalkraft zu übertragen. Beim Rückwärtstreten geben speziell angeordnete Sperrklinken im Freilauf die Verbindung frei.

Full Suspension
englisch für »Vollfederung«. Mountainbike, das neben einer Federgabel vorn auch noch über einen gefederten Hinterbau /gefedertes Hinterrad verfügt.

Gruppe
Bezeichnung für das Ausstattungspaket, bestehend aus Bremsen, Brems- und Schalthebel, Schaltwerk, Umwerfer, Kurbelsatz (Kurbeln, Innenlager, Kettenblätter), Pedale und teilweise auch noch dem Steuersatz sowie in selteneren Fällen der Sattelstütze.

Hohlachse
hohlgebohrte Achse in Vorder- und/oder Hinterradnabe, um die Verwendung eines Schnellspanners zu ermöglichen.

Hohlkammerfelge
U-förmiges Felgenprofil mit doppeltem Boden zur Verbesserung der Stabilität bei möglichst niedrigem Gewicht.

Hydraulikbremsen
Bremsen, bei denen die Handkraft nicht mehr mechanisch mittels eines Bowdenzugs (mehr oder weniger große Handkraftverluste), sondern hydraulisch über eine ölgefüllte Bremsleitung vom Bremshebel zur Bremse übertragen wird. Vorteil: praktisch keine Handkraftverluste, Verlegung der Bremsleitung auch in engsten Bögen möglich, enorme Bremskräfte übertragbar. Als Scheibenbremsen und Felgenbremsen auf dem Markt.

Indexschaltung
Kettenschaltung, bei der die Gänge präzise einrasten und nicht mehr wie früher mit viel Fingerspitzengefühl eingelegt werden müssen. Die Indexierung (auch Rasterung oder Positionierung genannt) sitzt dabei nahezu ausnahmslos in den Schalthebeln.

Innenlager
Lager, welches die Kurbeln/Kettenblätter drehbar mit dem Rahmen verbindet.

Integrallenker
Lenker, der - aus einem Stück geformt - mehrere Griffmöglichkeiten bietet und die nachträgliche Montage von Barends überflüssig macht.

Kassettennabe
Hinterradnabe, bei der das Ritzel (Zahnkranz)-Paket am Stück aufgesteckt und mit einer Sicherungsmutter auf der Nabe verschraubt wird. Der Freilauf ist dabei in die Nabe integriert.

Kettenblatt
Zahnräder (fast ausnahmslos drei), die meist auf einem fünfarmigen Stern auf der rechten Kurbel verschraubt werden und über die Kette das Hinterrad antreiben.

Konifizierung
deutsche Bezeichnung für »butted« = endverstärktes Rahmenrohr.

Konterung
Sicherung einer Schraubverbindung durch Gegendrehen einer zusätzlichen Mutter. So werden die jeweils äußeren beiden Muttern gegeneinander verspannt und können sich nicht lösen. Wird angewandt beim Steuersatz, bei der Lagerung von Radnaben, Innenlagern sowie der Pedale.

Low-Profile-Bremse
Variation der Cantilever-Bremse, bei der die Bremsarme nicht oder kaum mehr über Rahmen/Gabel hinausragen. Vorteil: geringere Verletzungsgefahr und hinten bessere Fersenfreiheit.

Monocoque-Bauweise
meist in Verbindung mit Carbon, teilweise auch in Magnesiumguß angewandte Rahmenbauform, bei der der Rahmen aus einem Stück gefertigt wird.

Muffen
in hochwertiger Ausführung aus Feinguß hergestellte Verbindungsteile für Rahmenrohre, die die Rohrwinkel vorgeben und in die die Rahmenrohre gesteckt und anschließend verlötet werden.

Optical Gear Display
in die Schalthebel integrierte Ganganzeige.

Oversized
Bezeichnung für Rahmen, die aus Rohren mit größerem Durchmesser gefertigt wurden. Meist in Verbindung mit Aluminium-Rohren, seltener auch mit Stahl- oder Titanrohren.

Pedalrückschlag
Phänomen, das bei gefederten Hinterbauten auftritt, wenn dessen Drehpunkt mehr oder weniger weit vom Innenlager entfernt liegt. Durch das Einfedern vergrößert sich der Abstand Innenlager/Hinterradachse mit dem Ergebnis, daß ein Zug auf die Kette entsteht und dadurch das Pedal nach hinten gezogen wird. Unangenehme Erscheinung, die ein effektives Pedalieren erschwert.

PSI
englische Maßeinheit für den Luftdruck (Pounds per square inch). Mit dem Faktor 0,07 multipliziert, erhält man den Wert in Bar.

Race-Bike
in seiner Rahmengeometrie und Ausstattung für den Wettbewerbseinsatz konzipiertes Mountainbike.

Ritzel
auf der Hinterradnabe montierter Zahnkranz (meist sieben oder acht), über den die Kette läuft.

Rockring
Schutzscheibe, die - im Durchmesser etwas größer als das größte Kettenblatt - neben diesem montiert wird und es bei Bodenkontakt vor Beschädigungen schützt.

Rohrsatz
Bezeichnung für das »Rohrpaket«, aus dem der Mountainbike-Rahmen gefertigt wird. Im einzelnen: Steuerrohr, Ober- und Unterrohr, Sitzrohr sowie jeweils zwei Sitz- und Kettenstreben; teilweise auch noch die Gabelscheiden.

Sattelstütze
im Sitzrohr meist mittels Schnellspanner fixiertes Rohr, welches oben den Sattel trägt und dessen Höhenverstellbarkeit ermöglicht.

Schaltwerk
Federnd gelagerter Schalt-Mechanismus, der es erlaubt, die Kette »ferngesteuert« über den rechten Schalthebel/Bowdenzug auf das gewünschte Ritzel an der Hinterradnabe zu transportieren. Wird am Schaltungsauge des rechten hinteren Ausfallendes mit dem Rahmen verschraubt.

Schaltungsauge
ins hintere rechte Ausfallende integriertes Gewinde zur Montage des Schaltwerks.

Scheibenbremse
Bremse, bei der nicht mehr auf der Felgenflanke gebremst wird, sondern auf einer mit der Nabe fest verbundenen Bremsscheibe.

Schnellspanner
Vorrichtung, die es erlaubt, Laufräder und Sattelstütze ohne Werkzeug von Hand zu fixieren bzw. zu lösen.

Schrader-Ventil
Schlauch-Ventil (Durchmesser 8 mm), identisch mit der an PKWs verwendeten Ausführung. Erlaubt das Aufpumpen der Reifen sowohl mit einer Luftpumpe als auch an der Tankstelle.

Schraubkranznabe
Hinterradnabe, bei der das Ritzelpaket auf einem Gewinde verschraubt wird. Der Freilauf sitzt dabei im Ritzelpaket.

Sclaverand-Ventil
Schlauch-Ventil (Durchmesser 6 mm), das bei schmalen Felgen verwendet wird.

Slick
Reifen mit kaum oder gar keinem Profil zum Einsatz auf der Straße oder trockenem, griffigem Untergrund.

Sloping Top Tube
englisch für »abfallendes Oberrohr«. Das Oberrohr verläuft vom Steuerrohr zum Sitzrohr mehr oder weniger stark nach unten. Vorteil: steiferer Rahmen bei größerer Schrittfreiheit.

Steuersatz
Lager, das Gabel und Rahmen drehbar miteinander verbindet.

Switchblade-Gabel
Gabelbauweise, bei der die (meist geraden) Gabelscheiden in der oberen Gabelbrücke verschraubt und dadurch bei Defekt einzeln ausgetauscht werden können.

Top Shifter
klassischer Daumenschalthebel, der über dem Lenker sitzt.

Übersetzungsverhältnis Ü
Zahl, die angibt, wie oft sich das Hinterrad bei einer Kurbelumdrehung dreht. Beispiel: 48 Zähne vorn dividiert durch 12 Zähne hinten ergeben Ü=4, d. h., das Hinterrad dreht sich bei einer Kurbelumdrehung viermal.

Umwerfer
Federnd gelagerter Schalt-Mechanismus, der es erlaubt, die Kette »ferngesteuert« über den linken Schalthebel/Bowdenzug auf das gewünschte Kettenblatt an der rechten Kurbel zu transportieren. Wird mittels einer Schelle am Sitzrohr angeschraubt.

Vorbau
verbindet Lenker und Gabel. Wird auf oder im Gabelschaftrohr verklemmt. Durch unterschiedliche Winkel und Längen kann über den Vorbau die Sitzposition beeinflußt werden.

Register

Im FALKEN Verlag sind zahlreiche Titel zum Thema „Sport und Fitneß" erschienen. Bitte fragen Sie in Ihrer Buchhandlung.

Zum gleichen Themenbereich sind im FALKEN Verlag bereits erschienen: Radwandern (Nr. 1369)
Fahrrad-Reparaturen (Nr. 796)
Mountainbike-Reparaturen (Nr. 1505)
Vom selben Autor sind im FALKEN Verlag bereits erschienen:
Radwandern (Nr. 1369),
Alles übers Fahrrad (Nr. 1594)

Autor und Verlag bedanken sich beim Radladen „Dr. Cycle und Mr. Bike" in Bad Wildbad für die tatkräftige Unterstützung.

Die Deutsche Bibliothek - CIP- Einheitsaufnahme

Kälberer, Stefan:
Das Mountainbike-Buch / Stefan Kälberer. –
Niedernhausen/Ts. : FALKEN, 1995
ISBN 3-8068-1638-7
NE: HST

ISBN 3-8068-1638-7

Umschlaggestaltung: Andreas Jacobsen
Layout: Ilse Agnes Stockmann, AS Design Offenbach
Lektorat: VerlagsService Dr. Helmut Neuberger und Karl Schaumann GmbH, Heimstetten
Gestaltung und Herstellung: Petra Becker
Titelbild: Tony Stone Images,
Lori Adamski Peek, München: U1
Stefan Kälberer, Oberreichenbach: U1 klein und U4
Fotos: Alle Fotos von **Stefan Kälberer,** Oberreichenbach, ausgenommen die Abbildungen auf den Seiten 2, 80, 107, 112 und 123 von **Markus Mehigan,** Schömberg,
und auf den Seiten 8, 85, 109, 119 und 131 von **Till Gottbrath,** Wiesbaden
Zeichnungen: Alle Zeichnungen und Grafiken von Axel Weiß, Obernbreit

Die Ratschläge in diesem Buch sind von dem Autor und vom Verlag sorgfältig erwogen und geprüft, dennoch kann eine Garantie nicht übernommen werden. Eine Haftung des Autors bzw. des Verlags und seiner Beauftragten für Personen-, Sach- und Vermögensschäden ist ausgeschlossen.

Satz: Falken-Verlag GmbH, Niedernhausen/Ts.
Druck: Ernst Uhl, Radolfzell

817 2635 4453 6271